高校入試

国語の基礎を
やさしくまとめる
ノート

中学1・2年のスッキリ総復習

東京書籍

みなさんは高校入試の対策をどのように進めていますか？
実は高校入試の**約7割は中学1・2年で学習した内容から出題**されています。
つまり、**中学1・2年の内容をしっかり理解する**ことが**合格への近道**なのです。
この教材は、その第一歩として、**中学1・2年の内容の基礎基本をノート形式で**まとめながら、しっかりと身につけていくことをねらいとして編集されています。
効率的な高校入試対策を行うためにお役立てください。

この本の特色

中学1・2年の内容を整理ノート形式でまとめています。

- ただ読むだけでなく、**重要事項を書きこむ**形式になっていますので、まるで自分で作った**ノートのような感覚**で分かりやすくまとめられます。

重要なところがひと目で分かるように見やすい構成になっています。

- **書きこみ**や**赤文字**、**太文字**で、どこが重要なのかがよく分かるようになっています。
- **暗記用フィルター**を使って、**確認・学習できる**ようになっています。

その3 練習問題「いまの実力を確認しよう」で理解度を確かめられます。

- 入試問題を参考に、**基礎基本を理解していれば解ける問題**で構成しています。

まちがえたところは、整理ノートの部分でもう一度確かめるようにしよう。

国語では…

- 漢字や文法などの**知識的な部分を中心**にしながら、文章を読み解くポイントや漢字の書き問題のポイントなど、**国語全体の復習ができる**ようになっています。
- 文法では、全体的な復習のほか、**まちがえやすい敬語表現**や**語の識別**など、入試でよく出る内容も取り上げています。

目次

漢字・語句

- ❶ 漢字の知識 …………………………………… 4
- ❷ 送りがな・同訓異字 …………………………… 6
- 🔲 いまの実力を確認しよう ……………………… 8
- ❸ 熟語の構成・熟字訓 …………………………… 10
- ❹ 同音異義語 …………………………………… 12
- 🔲 いまの実力を確認しよう ……………………… 14
- ❺ 四字熟語 ……………………………………… 16
- ❻ 慣用句 ………………………………………… 18
- 🔲 いまの実力を確認しよう ……………………… 20

文法

- ❼ 単語と文節 …………………………………… 22
- ❽ 文節の関係 …………………………………… 24
- 🔲 いまの実力を確認しよう ……………………… 26
- ❾ 動詞 …………………………………………… 28
- ❿ 形容詞・形容動詞 …………………………… 30
- 🔲 いまの実力を確認しよう ……………………… 32
- ⓫ 副詞・連体詞 ………………………………… 34
- ⓬ 名詞・接続詞・感動詞 ……………………… 36
- 🔲 いまの実力を確認しよう ……………………… 38
- ⓭ 助動詞 ………………………………………… 40
- 🔲 いまの実力を確認しよう ……………………… 44
- ⓮ 助詞 …………………………………………… 46
- 🔲 いまの実力を確認しよう ……………………… 52
- ⓯ まぎらわしい品詞の見分け ………………… 54
- ⓰ 敬語 …………………………………………… 56
- 🔲 いまの実力を確認しよう ……………………… 60

古典

- ⓱ 歴史的仮名遣い ……………………………… 62
- ⓲ 係り結び・古典の言葉 ……………………… 64
- 🔲 いまの実力を確認しよう ……………………… 66
- ⓳ 漢文・漢詩 …………………………………… 68
- ⓴ 故事成語 ……………………………………… 70
- 🔲 いまの実力を確認しよう ……………………… 72

読解・漢字の書き

- ㉑ 小説を読み解くポイント …………………… 74
- ㉒ 説明文を読み解くポイント ………………… 76
- ㉓ 漢字の書き問題のポイント ………………… 78

1 漢字の知識

部首の種類

字の左側	へん(偏)	例 禾：のぎへん…秋・秒	
		例 忄：〔①　　　　　〕…慣・快	
字の右側	つくり(旁)	例 刂：りっとう…刊・別	
		例 殳：るまた・ほこづくり…段・設	
字の上	かんむり(冠)	例 宀：〔②　　　　　〕…宅・宙	
		例 亠：なべぶた・けいさんかんむり…京・交	
字の下	あし(脚)	例 皿：さら…盛・盟	
		例 灬：れっか・れんが…然・照	
字の左から下	にょう(繞)	例 辶：しんにょう・しんにゅう…返・通	
		例 廴：えんにょう・いんにょう…延・建	
字の上から左	たれ(垂)	例 厂：〔③　　　　　〕…原・厚	
		例 尸：しかばね…届・局	
字のまわり	かまえ(構)	例 囗：くにがまえ…国・因	
		例 行：ぎょうがまえ・ゆきがまえ…術・街	

漢字の読み

▶漢字の読みには、**音読み**と**訓読み**がある。

　音読み…中国語での発音にもとづいた読み方。

　訓読み…日本古来の言葉を、同じ意味を表す漢字に当てはめた読み方。

　→注意　音読みと訓読みの**一方の読み方しかない**漢字もある。

　　例 音読みのみ＝肉（**ニク**）・駅〔④　　　〕

　　　訓読みのみ＝嵐（**あらし**）・峠（**とうげ**）

▶**複数**の音読みや訓読みをもつ漢字がある。

▶二字の熟語の場合、ふつう、「**音＋音**」または「**訓＋訓**」で読む。

　→注意　「**音＋訓**」または「**訓＋音**」で読む熟語もある。

　　　→「音＋訓」を〔⑤　　　〕読み、「訓＋音」を**湯桶**読み、という。

　　例「音＋訓」＝職場（**ショクば**）・本箱（**ホンばこ**）

　　　「訓＋音」＝手本（**てホン**）・目線（**めセン**）

学習日：　月　日

筆順の原則

あくまでも原則だよ。例外もあるから、漢字一つ一つの筆順をしっかりと身につけようね。

- 上から下へ書く。　例 エ…一 T エ

  →注意　縦画と横画が交わるときは、基本的には〔⑥　　〕画を先に書く。

  例 土…一 十 土　　単…ヽヽ 当 当 単

- 左から右へ書く。　例 休…イ 仁 休 休

  →注意　横画と左ばらいが交わるときは、短い画を先に書く。

  例 有…ノ ナ 有 有　　左…一 ナ 左

- 中央から左右へ書く。　例 小…亅 小 小

- 〔⑦　　〕から内側へ書く。　例 風…丿 几 凨 風

- 全体をつらぬく画は最後に書く。　例 車…一 日 亘 車

画数

- 点画…漢字を組み立てる点や線。ひと続きで書くものを一画と数える。
- 画数…一つの漢字を組み立てている点画の総数。

  例 天…一 二 チ 天＝四画

「辶＝しんにょう」のように、まちがえやすい画数をチェックしておこう。

➡ まちがえやすい画数

- 「力」などのフ＝一画　・「水」などのノ＝一画
- 「道」などの辶＝〔⑧　　〕画　・「延」などの廴＝三画
- 「子」の総画数＝〔⑨　　〕画　・「女」の総画数＝三画
- 「北」の総画数＝〔⑩　　〕画　・「逆」の総画数＝九画

解答　①りっしんべん　②うかんむり　③がんだれ　④エキ　⑤重箱　⑥横　⑦外側　⑧三　⑨三　⑩五

2 送りがな・同訓異字

送りがなの原則

◉活用のある語…動詞・形容詞・形容動詞

▶ **活用**〔①　　　〕を送る。　例 走る　寒い　変だ

◉活用のない語…名詞・副詞・連体詞・接続詞

▶ 名詞は送りがなを**つけない**。　例 月　橋

▶ 副詞や連体詞、接続詞は、**最後**の字を送る。　例 必ず　但し

あくまでも原則なんじゃ。例外もあるから、漢字一つ一つについて送り方をしっかりと確かめておこう。

よくある例外

▶ 語幹が「し」で終わる形容詞は、「し」から送る。

例 美〔②　　　〕　楽しい

▶ 活用語尾の前に「か」「やか」「らか」をふくむ形容動詞は、そこから送る。

例 静〔③　　　〕　健やかだ　明らかだ

▶ 活用のある語をもととする名詞は、**もとの語の送り方に合わせる**。

例 動く→動〔④　　　〕　近い→近く

**これも
チェック**

◯**複数の訓読みをもつ漢字**には特に注意しよう。

→意味とセットで覚えておくようにしよう。

例 細…細い＝ほそい　細〔⑤　　　〕＝こまかい

優…優〔⑥　　　〕＝やさしい　優れる＝すぐれる

厳…厳〔⑦　　　〕＝きびしい　厳か＝おごそか

覚…覚〔⑧　　　〕＝おぼえる　覚ます＝さます

交…交わる＝まじわる　交〔⑨　　　〕＝まじる　交う＝かう

同訓異字とは

▶ 同じ訓読みをもつ漢字。

→意味は異なる。使い分けができるようにする。

6

同訓異字の例

あつい　夏の〔 A 〕い日だったが、父は〔 B 〕いお茶を飲みながら、〔 C 〕い本を読んでいた。

A 暑い
B 〔⑩　〕い
C 厚い

Cの「厚い」は、もののあつみだけでなく、相手に対する思いやりが深く、心がこもっている場合にも用いる。　例 人望が厚い

うつす　新しい服を着た妹を鏡に〔 A 〕して喜んでいた母は、公園に場所を〔 B 〕して、妹にポーズをとらせて写真に〔 C 〕しだした。

A 映して
B 移して
C 〔⑪　〕し

Aの「映す」は、鏡やスクリーンなどのほかのものに、ものや人などの姿を現して見えるようにする場合に用いる。

おさめる　大学で政治学を〔 A 〕めたおじは、現在、町長として町を〔 B 〕めている。また、父は新しい事業で成功を〔 C 〕め、毎年高額の税金を町に〔 D 〕めている。

A 〔⑫　〕めた
B 〔⑬　〕め
C 収め
D 納めて

Cの「収める」は、成功や成果、勝利などを手に入れた場合に用いる。Dの「納める」は、税金などをはらう場合や、特定の場所にものをしまう場合に用いる。　例 金庫に納める

はかる　通学時間の短縮を〔 A 〕るため、学校までの多様なルートについて、その距離を〔 B 〕り、所要時間も〔 C 〕った。その結果をふまえて、ルートを変えることを家族会議に〔 D 〕った。

A 図る
B 〔⑭　〕り
C 〔⑮　〕った
D 諮った

Dの「諮る」は、ほかの人に相談して、意見などを求める場合に用いる。

解答　①語尾　②しい　③かだ　④き　⑤かい　⑥しい　⑦しい　⑧える　⑨じる　⑩熱　⑪写　⑫修　⑬治　⑭測　⑮計

いまの実力を確認しよう

1 次の漢字の部首名を後から選びなさい。

①往　②都　③複　④写

ア　ぎょうにんべん　イ　ころもへん　ウ　おおざと　エ　わかんむり

2 次の漢字と部首が同じものを後から選びなさい。

①果

ア　課　イ　菓　ウ　架　エ　異

②術

ア　休　イ　従　ウ　述　エ　衛

3 次の漢字の部首名をひらがなで答えなさい。

①家　②葉　③話

4 次の漢字の総画数を算用数字で答えなさい。

①局　②糸　③級　④延

5 次の漢字と総画数が同じ漢字を後から選びなさい。

①健　②遠　③能　④報

ア　遊　イ　祭　ウ　農　エ　旅

6 次の漢字の矢印の部分が筆順の何画目かを算用数字で答えなさい。

①世　②再　③国

7 次の各文の太字の部分を、漢字とひらがなに直しなさい。

①お金を銀行に**アズケル**。

②友達のたのみを**コトワル**。

③**コマカク**計算をする。

④第一線から**シリゾク**。

⑤春を前に畑を**タガヤス**。

⑥遠くに**ツラナル**山が見える。

①	②	③
④	⑤	⑥

8 次の各文の太字の部分を漢字にしたものを後から選びなさい。

①**アツ**い板で間をへだてる。

②鏡に姿を**ウツ**す。

③無事に成功を**オサ**める。

④正義のヒーローが悪を**タ**つ映画。

⑤会議の議長を**ツト**める。

⑥会社の経営の合理化を**ハカ**る。

ア 測　イ 収　ウ 務　エ 立　オ 熱　カ 映
キ 厚　ク 写　ケ 図　コ 納　サ 勤　シ 断

①	②	③	④	⑤	⑥

○**解答**

1 ①ア　②ウ　③イ　④エ　**2** ①ウ　②エ

3 ①うかんむり　②くさかんむり　③ごんべん　**4** ①7　②6　③9　④8

5 ①イ　②ウ　③エ　④ア　**6** ①5　②3　③2

7 ①預ける　②断る　③細かく　④退く　⑤耕す　⑥連なる

8 ①キ　②カ　③イ　④シ　⑤ウ　⑥ケ

3 熟語の構成・熟字訓

熟語の構成

例語と同じ構成の熟語を選ぶ問題が出されるよ。

意味が対になる漢字を重ねる。

例 寒暖（寒い⇔暖かい）・前後（前⇔後）

似た意味の漢字を重ねる。

例 勤務（勤める≒務める）・言語（言≒語）

上の字が〔①　　　〕、下の字が述語になる。

例 頭痛（頭が痛い）・人造（人が造る）

上の字が下の字を修飾する。

例 激痛（激しい痛み）・最高（最も高い）

下の字が上の字の目的や対象を示す。

例 着席（席に着く）・開会（会を開く）

〔②　　　〕語や接尾語がつく。

例 無理・習性・必然・詩的

三字熟語の構成

三字が対等の関係にある。
例 大中小（大-中-小）・雪月花（雪-月-花）

上の一字が下の二字熟語を修飾する。
例 大自然（大きい自然）・低気圧（低い気圧）

上の二字熟語が下の一字を修飾する。
例 職員室（職員の室）・送別会（送別の会）

学習日： 月 日

熟字訓

▶漢字一字一字の読みとは関係なく、熟語**全体**にあてられた訓。

「昨日（きのう）」を一字ずつ、「昨（き）＋日（のう）」「昨（きの）＋日（う）」のようには読めないってこと。

漢字・語句

熟字訓チェック

- □吹雪＝〔③　　〕
- □迷子＝〔④　　〕
- □笑顔＝〔⑤　　〕
- □心地＝〔⑥　　〕
- □土産＝〔⑦　　〕
- □木綿＝〔⑧　　〕
- □部屋＝〔⑨　　〕
- □息子＝〔⑩　　〕
- □大人＝〔⑪　　〕
- □時計＝〔⑫　　〕
- □景色＝〔⑬　　〕

- □名残＝**なごり**
- □田舎＝**いなか**
- □相撲＝**すもう**
- □砂利＝**じゃり**
- □為替＝**かわせ**
- □河原＝**かわら**
- □今朝＝**けさ**
- □紅葉＝**もみじ**
- □日和＝**ひより**
- □乙女＝**おとめ**
- □博士＝**はかせ**

- □小豆＝**あずき**
- □風邪＝**かぜ**
- □芝生＝**しばふ**
- □竹刀＝**しない**
- □果物＝**くだもの**
- □行方＝**ゆくえ**
- □梅雨＝**つゆ**
- □雪崩＝**なだれ**
- □友達＝**ともだち**
- □仮名＝**かな**
- □眼鏡＝**めがね**

- □伯父・伯母＝**おじ**・**おば**　…親の兄・姉にあたる人
- □叔父・叔母＝**おじ**・**おば**　…親の弟・妹にあたる人
- □真面目＝〔⑭　　〕　□手伝う＝**てつだう**
- □意気地＝〔⑮　　〕　□最寄り＝**もより**
- □八百屋＝〔⑯　　〕　□五月雨＝**さみだれ**

注意しよう

「紅葉＝こうよう」「博士＝はくし」のように、別の読み方をもつ熟語もある。

解答　①**主語**　②**接頭**　③**ふぶき**　④**まいご**　⑤**えがお**　⑥**ここち**　⑦**みやげ**　⑧**もめん**　⑨**へや**　⑩**むすこ**　⑪**おとな**　⑫**とけい**　⑬**けしき**　⑭**まじめ**　⑮**いくじ**　⑯**やおや**

11

4 同音異義語

同音異義語とは

▶ 意味は異なるが、同じ音読みをもつ熟語。

文脈に応じて、しっかりと使い分けるようにしよう。

同音異義語の例

| イコウ | 新しい体制に〔 A 〕したので、新しい理事たちの〔 B 〕を聞きながら、来週〔 C 〕のスケジュールを修正した。 |

A 移行
B 〔①   〕
C 以降

Aの「移行」は、物事や組織などが、別のものに移り変わっていくこと。

| カイホウ | たいへんな作業から〔 A 〕された人たちが休息を取る場所として、また、けが人を〔 B 〕する場所として自宅の一部を〔 C 〕したが、現在はけが人たちも順調に〔 D 〕に向かっている。 |

A 〔②   〕
B 介抱
C 〔③   〕
D 快方

Bの「介抱」は、病人などの世話をすること。
Dの「快方」は、病気などがよくなること。

| カクシン | その問題の〔 A 〕にせまることが、技術の〔 B 〕につながると、私は〔 C 〕している。 |

A 核心
B 革新
C 〔④   〕

Aの「核心」は、物事の中心のこと。Bの「革新」は、古いものや考えを新しいものに変えていくこと。

| カンショウ | 旅先でだれにも〔 A 〕されずに、ひとりで絵画を〔 B 〕したり、桜の花を〔 C 〕したりして、〔 D 〕にひたった。 |

A 〔⑤   〕
B 鑑賞
C 観賞
D 〔⑥   〕

Bの「鑑賞」は、芸術作品のよさを味わうこと。Cの「観賞」は、花など、ものを見て楽しむこと。

12

学習日：　月　日

漢字・語句

カンシン　相手の〔 A 〕を買うために、相手が〔 B 〕をもっていることを話題にしたり、その能力に〔 C 〕したことを伝えたりした。

A 歓心
B 〔⑦　　　〕
C 感心

> Aの「歓心」は、うれしく思う気持ちのこと。Cの「感心」との使い分けに注意する。

ケントウ　どのチームと対戦することになるか〔 A 〕をつけて、選手の起用を〔 B 〕したところ、出場した選手はみな〔 C 〕してくれた。

A 見当
B 〔⑧　　　〕
C 健闘

> Aの「見当」は、こうなるだろうというおおよその予想。

ソウイ　ライバル商品との〔 A 〕点を明確にし、より〔 B 〕工夫（くふう）をこらした新商品を発売することを、関係者の〔 C 〕により決定した。

A 〔⑨　　　〕
B 創意
C 総意

> Bの「創意」は、新しい考えや工夫。Cの「総意」は、組織や集まりの全員の意志。

タイショウ　調査の〔 A 〕となった建造物は、外観の形状は左右〔 B 〕であったが、その内部は右側が和風で左側が洋風と〔 C 〕的であった。

A 〔⑩　　　〕
B 対称
C 対照

> Bの「対称」は、二つのものが向き合う位置にあること。Cの「対照」は、二つの物事のちがいがはっきりしていること。

ホショウ　加害者は、損害を〔 A 〕するだけでなく、今後の生活も〔 B 〕すると申し出たが、それが実際にできるという〔 C 〕はない。

A 補償
B 保障
C 〔⑪　　　〕

> Aの「補償」は、相手にあたえた損害をお金や品物でつぐなうこと。Bの「保障」は、一定の状態を責任をもって守ること。

解答　①意向　②解放　③開放　④確信　⑤干渉　⑥感傷　⑦関心　⑧検討　⑨相違　⑩対象　⑪保証

13

いまの実力を確認しよう

1 次の熟語と構成が同じものを後から選びなさい。

①道路　②往復　③年長　④山頂　⑤洗顔

ア　読書　イ　進退　ウ　永久　エ　県立　オ　再会

2 次の熟語から、構成がほかと異なるものを選びなさい。

① ア　豊富　イ　苦楽　ウ　寒暑　エ　発着
② ア　延期　イ　登山　ウ　加熱　エ　物価
③ ア　前後　イ　表裏　ウ　外国　エ　縦横
④ ア　予告　イ　難易　ウ　永住　エ　美談

3 次の熟語と構成が同じものを後から選びなさい。

①温暖　ア　善悪　イ　古都　ウ　樹木　エ　登山
②読書　ア　造船　イ　家屋　ウ　親友　エ　独立
③単調　ア　森林　イ　幼虫　ウ　明暗　エ　乗車

4 次の〔　〕に入る漢字を後から選び、正しい熟語にしなさい。

①〔　〕料　②〔　〕安　③〔　〕番　④〔　〕熟

ア　不　イ　無　ウ　非　エ　未

5 次の三字熟語と構成が同じものを後から選びなさい。

①無関心　②衣食住　③論理的

ア　機械化　イ　松竹梅　ウ　非公式

6 次の各文の太字の漢字の読みを答えなさい。

①明日は**吹雪**になるという予報だ。

②先週は寒かったので**風邪**をひいてしまった。

③母から**部屋**を片づけるように注意された。

④あの公園の**芝生**はきれいに手入れされている。

⑤美しい**景色**をえがいた絵を見た。

⑥将来は社会の役に立つ**大人**になりたい。

①	②	③
④	⑤	⑥

7 次の各文の太字の部分を漢字にしたものを後から選びなさい。

①教室の窓を**カイホウ**する。

②文化祭の発表内容は、生徒会の**ソウイ**で決めるべきだ。

③他人に**カンショウ**されずに生きていきたい。

④父は味方の勝利を**カクシン**している。

⑤弟の実力は私が**ホショウ**します。

⑥あの二人は仲の良い兄弟だが、性格は**タイショウ**的だ。

　ア　保証　　イ　解放　　ウ　確信　　エ　創意
　オ　対象　　カ　核心　　キ　開放　　ク　干渉
　ケ　保障　　コ　総意　　サ　対照　　シ　感傷

①	②	③	④	⑤	⑥

○解答

1 ①ウ　②イ　③エ　④オ　⑤ア　　**2** ①ア　②エ　③ウ　④イ

3 ①ウ　②ア　③イ　　**4** ①イ　②ア　③ウ　④エ　　**5** ①ウ　②イ　③ア

6 ①ふぶき　②かぜ　③へや　④しばふ　⑤けしき　⑥おとな

7 ①キ　②コ　③ク　④ウ　⑤ア　⑥サ

5 四字熟語

四字熟語とは

▶四字の漢字が結びついて、**特有の意味**を表す熟語。

例 一石二鳥　意 一つのことで二つのものを得ること。

▶四字熟語には、**故事成語**であるものも多くある。

例 呉越同舟　意 仲の悪い者どうしが、同じ場所にいること。

〔①　〕晩成　意 大人物は人よりおそく大成すること。

四面楚歌　意 反対の立場のものに囲まれて孤立すること。

四字熟語の構成には、四字が対等の関係にあるものなど、いろいろあるね。

●四字が**対等**の関係にある。

例 喜怒哀楽（喜－怒－哀－楽）　冠婚葬祭（冠－婚－葬－祭）

●上の二字熟語が下の二字熟語にかかる。

例 和洋折衷（和洋 折衷）　本末転倒（本末 転倒）

●同じ字のくり返しを重ねる。

例 明々白々（明々－白々）　虚々実々（虚々－実々）

注意しよう

四字熟語には、漢字を誤りやすいものが多い。意味を覚えるだけでなく、正しく書けるようにしておく。

誤りやすい四字熟語

▶旧態依然　意 もと（旧）のままのこと。　→× 旧体以前

▶厚顔無〔②　〕　意 厚かましく恥がない。　→× 厚顔無知

▶絶体絶命　意 体も命も絶える。　→× 絶対絶命

▶心機一転　意 心の動き（心機）を変える。　→× 心気一転

▶危機一〔③　〕　意 髪一本ほどの差の危機。　→× 危機一発

▶五里霧中　意 事情がつかめず、判断にまよう。　→× 五里夢中

▶異口同音　意 みなが同じようなことを言う。　→× 異句同音

▶単刀直入　意 いきなり本題を切り出すこと。　→× 短刀直入

学習日： 月 日

覚えておきたい四字熟語

四字熟語には漢数字を用いたものが多い。まちがえないように、意味をふくめてしっかり整理しておこう。

漢数字を用いた四字熟語

- 一期一会　意 一生に一回しかないような機会。
- 一挙〔④　　〕　意 一つのことで二つの利益を得ること。　類 一石二鳥
- 〔⑤　　〕一夕　意 ほんの短い時間。
- 首尾一貫　意 はじめから終わりまで筋が通っていること。
- 朝三〔⑥　　〕　意 (1)目先の差にこだわり、結果が同じになるのを知らないこと。
　　　　　　　　　　(2)言葉たくみに他人をだますこと。
- 四苦〔⑦　　〕　意 事がうまく運ばずに、非常に苦労すること。
- 千差万別　意 多くのものがさまざまにちがっていること。　類 十人十色

意味が対の漢字を用いた四字熟語

- 〔⑧　　〕左往　意 混乱してあちこち歩き回ること。
- 空前絶後　意 今までになく、これから先もないであろうめずらしいこと。
- 大同〔⑨　　〕　意 細かなちがいはあるが、だいたい同じこと。
- 東奔西走　意 いそがしくあちこち走り回ること。
- 本末転倒　意 大切なことと、つまらないことが反対になること。　類 主客転倒
- 有名無実　意 評判ばかり高くて、実質がともなわないこと。

その他の四字熟語

- 以心〔⑩　　〕　意 言葉によらず、心から心へ意思が伝わること。
- 試行錯誤　意 ためすことと失敗することをくり返して、目的に進んでいくこと。
- 自業自得　意 自分がした悪い行いのむくいを自分の身に受けること。
- 日進〔⑪　　〕　意 月日とともに、絶え間なく進歩すること。
- 臨機応変　意 その場にのぞみ、なりゆきの変化に応じて適切な手段をとること。

解答　①大器　②恥　③髪　④両得　⑤一朝　⑥暮四　⑦八苦　⑧右往　⑨小異　⑩伝心　⑪月歩

17

6 慣用句

慣用句とは

▶ 二つ以上の語が結びついて、**全体で特別な意味**をもつ語句。

→それぞれの語の意味を組み合わせても、その意味にはならない。

慣用句には体の部分を表す語を使ったものが多いから、体の部位ごとに覚えるのも一つの方法だね。

体の部分を表す語を使った慣用句の例

口

口が軽い　意 口数が多い。不注意に話してしまう。
口が〔①　　〕　意 口数が少ない。
口がかたい　意 秘密などを話さない。
口を〔②　　〕　意 うっかり言ってしまう。
口をはさむ　意 他人が話しているところに、割りこんで話す。

目・眉

目に余る　意 見過ごせないほどひどい。
目の〔③　　〕を変える　意 おこったりあわてたりして表情を変える。
目を丸くする　意 おどろいて目を見開く。
目を〔④　　〕　意 厳しく監視する。
眉をひそめる　意 心配や不快のために顔をしかめる。

耳

耳が〔⑤　　〕　意 弱点などをつかれて聞いているのがつらい。
小耳にはさむ　意 ちらりと聞く。
耳を疑う　意 聞いたことを信じられない。

鼻

鼻がきく　意 利益になりそうなものを見つけるのがうまい。
鼻を〔⑥　　〕　意 人のおごり高ぶる気持ちをくじく。
鼻につく　意 あきる。いやになる。
鼻が〔⑦　　〕　意 ほこらしい。得意になる。

学習日：　月　日

漢字・語句

頭・首
- 頭が〔⑧　　〕 意 感心する。敬服する。
- 首を長くする 意 待ち遠しく思う。

胸・腹
- 胸をなでおろす 意 ほっと安心する。
- 胸がつぶれる 意 心配や悲しみを強く感じる。
- 腹を〔⑨　　〕 意 本心をかくさずに打ち明ける。

手・肩
- 手に〔⑩　　〕 意 もてあます。 類 手を焼く
- 手をこまねく(こまぬく) 意 何もしないでただながめている。
- 手をぬく 意 すべきことをしないで手数を省く。
- 肩の〔⑪　　〕が下りる 意 責任や負担から解放される。

足・腰
- あげ足をとる 意 人の言葉じりをとらえて、非難する。
- 足を〔⑫　　〕 意 予定より遠くまで行く。
- 腰をすえる 意 落ち着いて物事に取り組む。

その他の慣用句の例

- ▶〔⑬　　〕をのむ 意 はっとして、思わず呼吸を止める。
  - →参考 かたずをのむ（息を止めてじっと見守る。）
- ▶一目置く 意 相手がすぐれていることを認め、敬意をはらう。
- ▶馬が合う 意 気が合う。
- ▶犬猿(けんえん)の仲 意 仲が悪いことのたとえ。
- ▶言葉をにごす 意 はっきりと言わない。
- ▶しのぎをけずる 意 たがいに激しく争う。
- ▶ねこをかぶる 意 本心(ほんしょう)や本性をかくして、おとなしいふりをする。
- ▶水を〔⑭　　〕 意 順調に進んでいることのじゃまをする。

> ほかの慣用句を本や新聞などで見かけたら、意味を確かめておこうね。

解答 ①重い ②すべらす ③色 ④光らす ⑤痛い ⑥折る ⑦高い ⑧下がる ⑨割る ⑩余る ⑪荷 ⑫伸ばす ⑬息 ⑭さす

いまの実力を確認しよう

1 次の□に適切な漢字を入れ、四字熟語を完成しなさい。

①春□秋冬　②千差□別

③喜怒哀□　④冠婚葬□

⑤□疑応答　⑥明々□々

| ① | | ② | | ③ | | ④ | | ⑤ | | ⑥ | |

2 次の四字熟語の意味を後から選びなさい。

①一朝一夕　②以心伝心

③一期一会　④十人十色

⑤日進月歩　⑥有名無実

ア　多くのものがさまざまにちがっていること。

イ　評判ばかり高くて、実質がともなわないこと。

ウ　言葉によらず、心から心へ意思が伝わること。

エ　一生に一回しかないような機会。

オ　ほんの短い時間。

カ　月日とともに、絶え間なく進歩すること。

| ① | | ② | | ③ | | ④ | | ⑤ | | ⑥ | |

3 次のア〜ウから、a 四字熟語の漢字に誤りのあるものを選び、b その四字熟語を正しく直しなさい。

① ア　とっさの機転で、絶対絶命のピンチからまぬかれた。

　 イ　新学期になり、心機一転のつもりで努力する。

　 ウ　クラス全員が異口同音にその案に反対した。

② ア　その厚顔無恥なふるまいにあきれてしまった。

　 イ　兄は、留学の件を短刀直入に父にお願いした。

　 ウ　そのアニメのヒーローは毎回危機一髪の場面をむかえる。

| ① | a | | b | | ② | a | | b | |

4 次の〔　〕に適切な言葉を入れ、後に示した意味になる慣用句を完成しなさい。

①口を〔　　〕…他人が話しているところに、割りこんで話す。

②鼻が〔　　〕…ほこらしい。得意になる。

③〔　　〕が合う …気が合う。

④眉を〔　　〕…心配や不快のために顔をしかめる。

⑤〔　　〕が下がる …感心する。敬服する。

⑥〔　　〕を割る …本心をかくさずに打ち明ける。

⑦〔　　〕をにごす …はっきりと言わない。

⑧〔　　〕をすえる …落ち着いて物事に取り組む。

①	②	③	④
⑤	⑥	⑦	⑧

5 次の各文の□に入る適切な語を後から選びなさい。

①交通事故にあったという知らせを受けて□がつぶれる思いだったが、無事であることが分かって□をなでおろした。

②弟のいたずらが□に余るので、母はふだんから□を光らせていた。

③□がかたい人だと思って秘密を教えたのに、友達に□をすべらしてしまうなんて、がっかりした。

④いつも仕事で□をぬく部下を注意できずに□をこまねいていたら、逆に部長から注意を受けた。

　　ア　口　　イ　目　　ウ　手　　エ　胸

①	②	③	④

○解答

1 ①夏　②万　③楽　④祭　⑤質　⑥白　**2** ①オ　②ウ　③エ　④ア　⑤カ　⑥イ　**3** ①aア　b絶体絶命　②aイ　b単刀直入　**4** ①はさむ　②高い　③馬　④ひそめる　⑤頭　⑥腹　⑦言葉　⑧腰　**5** ①エ　②イ　③ア　④ウ

7 単語と文節

単語とは
- それ以上分けることのできない、**意味をもつ言葉の最小の単位**。

単語の分類

自立語と付属語
- [①　　　]…それだけで文節を作ることのできる単語。
- <u>付属語</u>…常に自立語の後について全体で一つの文節を作る単語。

品詞
- 単語を、文法的な性質によって分類したもの。10品詞に分かれる。

  → 参考　名詞と代名詞とを分けて、11品詞とする場合もある。

[②　　]	自立語	活用が**ある**	述語になる（[⑤　]言）	動作を表す／ウ段で終わる
形容詞				状態を表す／「い」で終わる
形容動詞				「だ」「です」で終わる
名詞		活用が**ない**	[⑥　]になる（**体言**）	
[③　　]			主語にならない	主に**連用修飾語**になる
連体詞				連体修飾語になる
接続詞				接続語になる
感動詞				独立語になる
助動詞	付属語	活用が[⑦　　]		
[④　　]		活用が**ない**		

品詞は、①自立語か付属語か、②活用するかしないか、③どんな文の成分になるか、で見分けることができるよ。

文節とは

- 不自然にならない程度に文を短く切った一区切りのこと。

    → **参考** 「**ネ**」や「**サ**」を入れられるところが文節の切れ目である。

    例 大輪の赤いきれいな花を見た。
    →大輪の|赤い(ネ)|きれいな(ネ)|花を(ネ)|見た。(ネ)

- 一つ一つの文節が、文を組み立てる働きをもつ**文の成分**となる。

文の成分

- 主語…「何が・だれが」を表す文節。

    ▶ 主語の形
    ・主語の形は「―**が**」のほか、「―**は**」「―**も**」「―**こそ**」などもある。

    例 私は図書委員だ。　あなたこそ委員長にふさわしい人だ。

- 〔⑧　　〕…「**どうする・どんなだ・何だ・ある（いる・ない）**」を表す文節。

    例 つぼみが 開く。　春風が 暖かい。（――線が主語。〜〜〜線が述語）

    ▶ 主語・述語の見つけ方
    (1)**文の叙述をまとめている**述語を見つける。ふつう、**文末**にある。
    (2)その**述語に係り**、「何が・だれが」を表す主語を見つける。

- 修飾語…後にくる文節を、くわしく説明する文節。

    ● 〔⑨　　〕に係る　→**連体修飾語**

    例 大きな 犬を 飼う。（――線が……線を修飾する連体修飾語）

    ● 〔⑩　　〕に係る　→**連用修飾語**

    例 風が 激しく ふく。（――線が……線を修飾する連用修飾語）

- 〔⑪　　〕語…**理由**や**条件**を表したり、前後の文や文節をつないだりする文節。

    例 晴れれば、出発します。　暑かった。だから、窓を開けた。

- 独立語…**感動・応答・提示**などを表し、ほかの文節と直接結びつかない文節。

    例 ああ、おなかがすいた。　いいえ、それは私の本ではありません。
    東京、それは日本の首都だ。

解答 ①自立語　②動詞　③副詞　④助詞　⑤用　⑥主語　⑦ある　⑧述語　⑨体言　⑩用言　⑪接続

8 文節の関係

係り受けの関係

▶係り受け…二つの文節が意味のうえで結びついているとき、前の文節は後の文節に「〔① 〕」といい、後の文節は前の文節を「受ける」という。

主語・述語の関係

▶〔② 〕が述語に係り、述語が主語を受ける。

▶「何が・だれが—どうする・どんなだ・何だ・ある(いる・ない)」などの関係。

修飾・被修飾の関係

▶連体修飾語…「どんな・何の・だれの」などを表す修飾語で、体言を中心とする文節に係る。

▶連用修飾語…「いつ・どこで・何を・どのように・どれほど」などを表す修飾語で、〔③ 〕を中心とする文節に係る。

例　私は　英語の　本を　姉から　借りた。
　　主語　連体修飾語　　　　　　　　述語
　　　　　　　　連用修飾語　連用修飾語

→は「係る文節」、→は「受ける文節」

修飾語を受ける文節の見分け方

(1)文を文節に区切り、係る文節を一つずつ後に移動して読んでいく。

(2)これ以上は後に移動できない位置の、直後の文節が受ける文である。

例　赤い大輪のきれいな花を見た。

→大輪の｜赤い｜きれいな｜花を｜見た。＝○
　大輪の｜きれいな｜赤い｜花を｜見た。＝○
　大輪の｜きれいな｜花を｜赤い｜見た。＝×

→「赤い」を受けるのは、「〔④ 〕」となる。

これもチェック

例　楽しそうに遊ぶ弟を父が見ていた。

→係り受けがあいまいで、「楽しそう」であるのが、弟とも父ともとれる文になっている。

▶語順を入れかえ、係る文節を受ける文節の近くに移動させる。

→遊ぶ弟を楽しそうに父が見ていた。…「楽しそう」なのは父。

▶適当な箇所に読点を打つ。

→楽しそうに遊ぶ弟を、父が見ていた。…「楽しそう」なのは弟。

その他の関係

接続の関係

▶ 文や文節をつなぐ文節（接続語）と、**それを受ける**文節との関係。

例 雨が 降って いる。しかし、今日は 出かける。
　　　　　　　　　つなぐ文節（接続語）-----→ 受ける文節

並立(へいりつ)の関係

▶ 二つ以上の文節が〔⑤　　　〕に並ぶ関係。

例 ここちよく さわやかな 風が ふく。
　　　対等に並んでいる

 並立の関係の見分け方

▶ 並立の関係にある文節は、**順序を入れかえる**ことが〔⑥　　　〕。

例 ここちよく　さわやかな　風が　ふく。　｝順番を入れかえても、
　　さわやかで　ここちよい　風が　ふく。　　意味が変わらない。

補助の関係

▶ 後の文節がすぐ前の文節に**補助的な意味をそえる**関係。
▶ 前後の文節の**ひとまとまりで文の成分**になる。

例 新しく できた 店に 行って みる。←「行ってみる」で文の述語になる。
　　　　　　　　　　　　　補助的な意味をそえる

 もとの「見る」という意味が失われ、「ためしに〜する」という補助的な意味をそえている。

→注意　補助の関係かどうかを見分けるには、次のようなことに着目する。

(1) 前の文節は、「〜て」の形になることが多い。

(2) 後の文節には、次のような語があることが多い。

→「**いる**」「**ある**」「**しまう**」「**おく**」「**もらう**」「**よい**」など。

例 金庫にしまっている。　学校におくれてしまう。　家まで送ってもらう。

解答　①係る　②主語　③用言　④花を　⑤対等　⑥できる

いまの実力を確認しよう

1 次の各文について、a 単語の数と、b 文節の数をそれぞれ答えなさい。

①東京は明日雪が降るらしい。

②ようやく目的地に着いた。

① a	b	② a	b

2 次の各文の――線の語から、品詞がほかと異なるものを選びなさい。

① 家に帰っ<u>て</u>一日のこと<u>を</u>思い出してみる<u>と</u>、いろんな発見があるもの<u>だ</u>。
　　　　　ア　　　　　　イ　　　　　　　　　ウ　　　　　　　　　　　エ

② <u>広い</u>海は<u>青く</u>すみわたり、<u>さわやかな</u>風が<u>やさしく</u>ふいていた。
　ア　　　　イ　　　　　　　ウ　　　　　　エ

③ その先に<u>小さな</u>公園があり、<u>いろんな</u>人が<u>のんびり</u>過ごしている。
　ア　　　イ　　　　　　　　ウ　　　　　　エ

④ <u>美しい</u>風船が<u>飛んで</u>いるのを<u>見つける</u>と、女の子は<u>急いで</u>追いかけた。
　ア　　　　　イ　　　　　　　ウ　　　　　　　　　　エ

①	②	③	④

3 次の――線の文節から、文の成分がほかと異なるものを選びなさい。

小学校以来の<u>大切な</u>親友とは<u>異なる</u>高校に<u>進学するので</u>、
　　　　　　ア　　　　　　　イ　　　　　　ウ

残り少ないいっしょの時間を、<u>全力で</u>楽しもうと思う。
　　　　　　　　　　　　　　エ

4 次の――線の文節はそれぞれ、文の成分としては何になるか、後から選びなさい。

明日は地区大会の初日だ。<u>ああ</u>、期待と不安で胸がいっぱいだ。家族は楽しそう
　　　　　　　　　　　　a
に<u>話している</u>。<u>しかし</u>、私は、<u>いつにない</u>様子でだまっていた。
　b　　　　　　c　　　　　　　d

　ア　主語　　イ　述語　　ウ　修飾語　　エ　接続語　　オ　独立語

a	b	c	d

5 次の――線の語句が修飾している部分を一文節で答えなさい。

①海上には、<u>大きな</u>白い船がゆっくりと進んでいた。

②学校の<u>窓から</u>紅葉に色づいた山々をしんみりとながめる。

③その<u>細い</u>美しい花をつけた枝に小鳥がとまっていた。

④兄は<u>じっと</u>まわりに集まった友人たちを見つめて、ゆっくりと話し始めた。

①	②	③	④

6 次の文を後の指示に従って分かりやすい文に直すとき、適切な位置を選びなさい。

弟は 昨日 姉が 作った クッキーを 食べた。
　　ア　　イ　　ウ　　エ　　　　　　オ

①「弟が食べた」のが「昨日」であると分かるように、読点（、）を打つべきところ。

②「姉が作った」のが「昨日」であると分かるように、「昨日」を移動すべきところ。

①	②

7 次の――線の二つの文節はどんな関係にあるか、後から選びなさい。

①空には 白く 大きな 雲が見えた。

②中学校生活の写真を 整理して おく。

③早い時間に帰宅した。しかし、また 外出した。

④そのことだけが 引退するにあたっての 心残りだ。

　　ア　接続の関係　　イ　並立の関係
　　ウ　補助の関係　　エ　主語・述語の関係

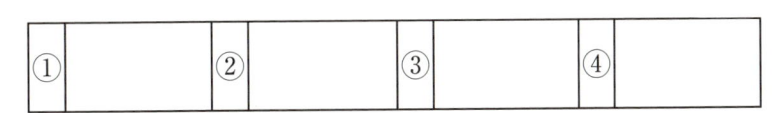

①	②	③	④

8 次の各文と、――線と～～線の文節の関係が同じものを、後から選びなさい。

①テストの結果を友人に 教えて しまう。

②毎日練習した。だから昨日の試合に 勝利した。

③父と 兄とでは、アプローチの仕方がちがいすぎる。

　　ア　晴れたので、公園で友達と遊ぼう。
　　イ　母は静かにやさしくほほえんだ。
　　ウ　本を返してほしいと姉にたのんだ。

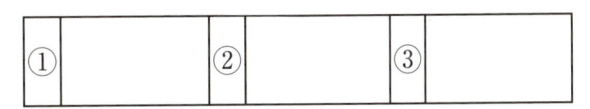

①	②	③

○解答

1 ①a7　b4　②a5　b3　　**2** ①エ　②ウ　③エ　④ア　　**3** ウ

4 aオ　bイ　cエ　dウ　　**5** ①船が　②ながめる　③枝に　④見つめて

6 ①イ　②ウ　　**7** ①イ　②ウ　③ア　④エ　　**8** ①ウ　②ア　③イ

文法

9 動詞

動詞とは

- 活用のある自立語。
- 動作・作用・存在を表し、単独で述語となる。
- 終止形は、五十音図の〔①　　〕段の音で終わる。
- 形容詞や形容動詞とともに、用言といわれる。

補助動詞（形式動詞）

- 本来の意味がうすれ、前の語に補助的な意味をそえる働きをする動詞。
- 単独で述語とはならない。

　例 雨が降っている。　ためしにやってみる。

動詞の活用形

- 未然形、連用形、終止形、連体形、仮定形、命令形、の６種類。

　◦ 未然形…まだそうなっていないことを表す形。　例 走らない
　◦ 連用形…〔②　　　〕に連なる形。　例 走ります
　◦ 終止形…言いきって文を結ぶ形。活用語の基本形。　例 走る
　◦ 連体形…体言に連なる形。　例 走るとき
　◦ 仮定形…助詞「〔③　　〕」に続き、条件を仮に定める形。　例 走れば
　◦ 命令形…命令の意味で言いきって文を結ぶ形。　例 走れ

活用形を見分ける問題はよく出されるけど、後に続く語で見分けることも一つの方法だね。

活用形の後に続く語

- 未然形…ない・う（よう）・せる（させる）・れる（られる）
- 連用形…用言・読点（、）・ます・た（だ）・たい・て（で）・ても（でも）
- 終止形…句点（。）・らしい・と・から・が・けれど・か・ぞ・ね
- 連体形…体言・ようだ・の・ので・のに
- 仮定形…ば
- 命令形…句点（。）・と

28

動詞の活用の種類

- **五段**活用…ア・イ・ウ・エ・オの**五段**で活用する。　例 書く
- **上一段**活用…〔④　　〕段を中心に活用する。　例 見る
- **下一段**活用…〔⑤　　〕段を中心に活用する。　例 出る
- 〔⑥　　　　〕活用…**カ行**で特殊な活用をする。「**来る**」1語のみ。
- **サ行変格**活用…**サ行**で特殊な活用をする。「〔⑦　　　〕」1語のみ。
  - →参考　「～する」(複合動詞)も同じ活用をする。　例 学習する

	例語	語幹	未然形	連用形	終止形	連体形	仮定形	命令形
五段活用	書く	書	か・こ	き・い	く	く	け	け
上一段活用	見る	○	み	み	みる	みる	みれ	みろ・みよ
下一段活用	出る	○	で	で	でる	でる	でれ	でろ・でよ
カ行変格活用	来る	○	こ	き	くる	くる	くれ	こい
サ行変格活用	する	○	し・せ・さ	し	する	する	すれ	しろ・せよ

注意しよう　「来る」「する」以外の動詞は、五段・上一段・下一段のどの活用になるかを見分ける必要がある。

▶ 活用の種類の見分け方

- 「**ない**」をつけて活用させ、**直前**の音がどの段になるかで見分ける。
  - →五段活用…〔⑧　　〕段　　例 取る→取**ら**ナイ
  - 上一段活用…**イ**段　　例 借りる→借**り**ナイ
  - 下一段活用…**エ**段　　例 流れる→流**れ**ナイ

解答　①ウ　②用言　③ば　④イ　⑤エ　⑥カ行変格　⑦する　⑧ア

29

10 形容詞・形容動詞

形容詞とは

- **活用**のある自立語。
- 性質や状態を表し、単独で**述語**や**修飾語**となる。
- 終止形は、「[①　　　]」で終わる。
- 動詞や形容動詞とともに、[②　　　]といわれる。

補助形容詞（形式形容詞）

- 本来の意味がうすれ、前の語に**補助的な意味をそえる**働きをする形容詞。

  例 明る<u>く</u>ない。　信じて<u>ほしい</u>。

「ない＝存在しない」「ほしい＝手に入れたい」といった本来の意味はうすれているんだよ。

形容詞の活用

- **命令**形はない。未然形、連用形、終止形、連体形、仮定形、の5種類となる。
- 動詞と異なり、活用の種類は**1種類**である。
- 動詞と異なり、「ない」に続く形は[③　　　]形である。

例語	語幹	未然形	連用形	終止形	連体形	仮定形	命令形
楽しい	楽し	**かろ**	かっ・く・う	い	い	**けれ**	○
活用形の後に続く語		―ウ	―タ・ナイ・ナル	―。	―コト・トキ	―バ	

「大きい」は形容詞だが、「大きな」は形容詞ではない。

- 「大きな」は、活用**しない**で、**体言だけを修飾する**[④　　　]詞である。
  →形容詞のように、単独で述語になることはない。

  例 あの工場は<u>大きい</u>。→ ✕ あの工場は<u>大きな</u>。

- 「小さい」と「小さな」、「おかしい」と「おかしな」なども同じ。

確かに、上の表のように、形容詞の活用に「―な」という形はないよね。

形容動詞とは

- **活用**のある自立語。
- 性質や状態を表し、単独で**述語**や修飾語となる。
- 終止形は、「〔⑤　　〕」または「**です**」で終わる。
- 動詞や形容詞とともに、**用言**といわれる。

形容動詞の活用

- 形容詞と同じく、〔⑥　　〕形はない。
- 活用の種類は、「**だ**」で終わる場合と、「**です**」で終わる場合の、**2種類**である。
- 形容詞と同じく、「ない」に続く形は**連用**形である。

例語	語幹	未然形	連用形	終止形	連体形	仮定形	命令形
静かだ	静か	だろ	**だっ**・で・**に**	だ	**な**	なら	○
静かです		でしょ	でし	です	（です）	○	○
活用形の後に続く語		―ウ	―タ・ナイ・ナル	―。	―コト・トキ	―バ	

「―で」「―に」「―だ」という形の語は、形容動詞かほかの品詞かを注意深く見分ける必要がある。

形容動詞とほかの品詞の見分け方

「―**な**＋**体言**」の形にできないものは形容動詞では〔⑦　　〕。

- 「―で」 例 病気で 休む。→ × 病気なとき
  * 「病気で」は名詞＋助詞。
- 「―に」 例 非常に 残念だ。→ × 非常なこと
  * 「非常に」は副詞。
- 「―だ」 例 兄は 学生だ。→ × 学生な人
  * 「学生だ」は名詞＋助動詞。

解答　①い　②用言　③連用　④連体　⑤だ　⑥命令　⑦ない

いまの実力を確認しよう

1 次の——線の動詞の活用形を後から選びなさい。

①食事の後に緑茶を飲むことを習慣にしている。

②その角を右に曲がれば正面に学校が見えてくる。

③きみが知っていることをすべて話してくれないか。

④約束は必ず守ると言ったはずだ。

⑤勉強が終わったので居間でテレビを見よう。

⑥目標を決めたらあきらめずに最後までやれ。

　　ア　未然形　　イ　連用形　　ウ　終止形
　　エ　連体形　　オ　仮定形　　カ　命令形

①	②	③	④	⑤	⑥

2 次の——線の動詞の活用の種類を後から選びなさい。

①兄は父に似たのか、スポーツが得意だ。

②毎日時間を決めて英語を勉強している。

③雑誌や本を重ねて束ねてください。

④放課後、友達と校庭を走ることにしている。

⑤発表会には先生も来られるそうだ。

⑥南に向かってたくさんの鳥が飛ぶ。

　　ア　五段活用　　　イ　上一段活用　　　ウ　下一段活用
　　エ　カ行変格活用　オ　サ行変格活用

①	②	③	④	⑤	⑥

3 次の——線の動詞の活用の種類を答えなさい。

①家の裏にある花畑にチューリップを植えた。

②本気で愛すれば、動物たちは必ずなついてくれる。

③友人は学校の図書館でよく本を借りるそうだ。

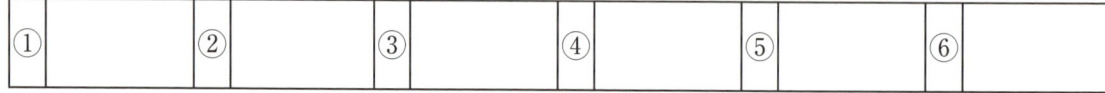

4 次の文から、形容詞、形容動詞をぬき出しなさい。

①この映画はおもしろくて何回みてもあきない。

②相手の細やかな心配りに感心する。

③地元チームの優勝パレードがたいそうはなやかに行われた。

①	②	③

5 次の──線の語の活用形を後から選びなさい。

①高度が高くなると、気圧は低くなる。

②母は軽い足取りで、駅まで歩いていく。

③十分な準備をせずに山に登るのは危険だろう。

④この街は、いつ来てもたいへんにぎやかだ。

⑤何事も、楽しければいいという考えではだめだ。

ア　未然形　　イ　連用形　　ウ　終止形　　エ　連体形　　オ　仮定形

①	②	③	④	⑤

6 次の──線の語の品詞が同じ場合は○、異なる場合は×で答えなさい。

① ｛ 楽しみのない生活は送りたくない。
　　ひとりで遊んでも楽しくないと思う。｝

② ｛ 大きな声で友達を呼んでみる。
　　その小さい箱には何が入っているの。｝

③ ｛ この美術館の館長はとても親切だ。
　　そのお姉さんはきれいでやさしい。｝

④ ｛ その計画はすでに始まっていた。
　　きれいな湖が静かにたたずんでいた。｝

◯解答
1 ①エ　②オ　③イ　④ウ　⑤ア　⑥カ　**2** ①イ　②オ　③ウ　④ア　⑤エ
⑥ア　**3** ①下一段　②サ行変格　③上一段　**4** ①おもしろく　②細やかな
③はなやかに　**5** ①イ　②エ　③ア　④ウ　⑤オ　**6** ①○　②×　③○　④×

11 副詞・連体詞

副詞とは

▶ 活用の〔①　　　〕自立語。

▶ 主に**用言**に係り、単独で〔②　　　〕修飾語になる。

　例 ゆっくり 歩く（動詞）。　　かなり 美しい（形容詞）。　　とても 元気だ（形容動詞）。

▶ 方向・時間・数量などを表す**名詞**に係り、**連体**修飾語になることもある。

　例 もっと 左（方向）　　あと 三分（時間）　　もう 一つ（数量）

副詞の種類

● **状態**の副詞…**動作・作用の様子**を表す。

　　例 こっそり　いきなり　すぐに　しばらく　たがいに　やがて
　　　 ぶらぶらと　ゆっくり

▶ 主として〔③　　　〕に係る。

　例 こっそり 話す。　　しばらく 休む。　　ぶらぶらと 歩く。

● **程度**の副詞…**物事の状態や性質の程度**を表す。

　　例 ずいぶん　いっそう　なかなか　だいぶ　少し　よほど
　　　 きわめて　かなり

▶ 〔④　　　〕・**形容動詞**に係ることが多い。

　例 ずいぶん 小さい。　　なかなか 強い。　　きわめて さかんだ。

● **陳述**の副詞…後にくる、**ある決まった表現と呼応**し、**否定や疑問、仮定**などを表す。

　　例 決して　全然　必ずしも　たぶん　まさか　どうぞ　ぜひ
　　　 どうして　なんで　ちょうど　仮に　たとえ　いくら

▶ 呼応の副詞、叙述の副詞ともいう。

決まった表現との呼応をカギとした、陳述の副詞を
補う問題や係り受けを問う問題がよく出されるよ。

学習日：　月　日

▶ 陳述の副詞と呼応する表現

否定	少しも・決して・全然・必ずしも	例 少しも難しくは〔⑤　　　〕。
推量	おそらく・たぶん・さぞ・まさか	例 おそらく来るだろう。
願望	どうか・どうぞ・ぜひ・なにとぞ	例 どうか許してください。
疑問	なぜ・どうして・なんで	例 なぜそこに行くのか。
比況	まるで・あたかも・ちょうど	例 まるで天使のようだ。
仮定	もし・仮に・たとえ(逆接)・いくら(逆接)	例 もし安けれ〔⑥　　〕買おう。

文法

連体詞とは

▶ 活用のない自立語。

▶ 主に体言に係り、〔⑦　　　〕修飾語にしかならない。　　例 小さな 家

▶ 形のうえから次のように分類することができる。

―の	例 この・その・あの・どの・かの・例の・ほんの
―な	例 小さな・大きな・おかしな・いろんな
―る	例 ある・きたる・さる・単なる・とある・あらゆる・いわゆる
―た・だ	例 たいした・だいそれた・とんだ
その他	例 わが

▶ 連体詞「ある」と動詞「ある」の見分け方

● 連体詞…「あった」と言いかえると意味が〔⑧　　　〕。

　　　　例 ある人の話　→　×　あった人の話

● 動詞…「あった」と言いかえても意味が通る。

　　　　例 庭にある池　→　○　庭にあった池

注意しよう　補助動詞「～ある」も、「あった」と言いかえても意味が通る。

解答　①ない　②連用　③動詞　④形容詞　⑤ない　⑥ば　⑦連体　⑧通らない

35

12 名詞・接続詞・感動詞

名詞とは

- 活用の**ない**自立語。〔① 　　　〕といわれる。
- **単独**または**助詞**「が」「は」などをともなって、〔② 　　　〕になる。
- **人や物事、数量**などを表す。

名詞の種類

- **普通名詞**…一般的な物事を表す。　　例 山・小鳥・学生
- 〔③ 　　　〕**名詞**…特定のものの名前を表す。　　例 大阪・宮沢賢治
- **数詞**…数量や数の順序を表す。　　例 二人・五冊・三時
- **代名詞**…人や物事を指し示す。　　例 これ・そこ・私
- **形式名詞**…連体修飾語をともない、抽象的な意味を表す。　　例 こと・もの

　→**参考**　代名詞を、名詞と分けて一つの品詞とする考え方もある。

▶ **用言から転成・派生した名詞**

- **用言**から転成した名詞。

　例 問い ← 動詞「問う」　近く ← 形容詞「近い」

注意しよう

「問い」「近く」はもとの品詞の連用形と同じ。活用するか、どんな文の成分になるかに着目して品詞を見分ける。

- 〔④ 　　　〕や**形容動詞**の語幹に「さ」「み」などの接尾語がついた名詞。

　例 高さ ←「高い」+「さ」　　深み ←「深い」+「み」

　　なめらかさ ←「なめらかだ」+「さ」

接続詞とは

- 活用の〔⑤ 　　　〕自立語。
- 主として**文と文、語句と語句**などをつなぐ働きをし、**接続語**になる。

文章中の空所の接続詞を補う問題がよく出される。働きごとに、当てはまる接続詞を整理しておこうね。

学習日：　月　日

接続詞の分類

- **順接**…前の事柄が原因となり、その順当な結果が後にくる。

  例 だから・それで・すると・それゆえ・したがって・よって

  例 熱が出た。だから、学校を休んだ。
  　　　　　原因　―――――――→　結果

- {⑥　　　}…前の事柄と逆になるような事柄が後にくる。

  例 しかし・けれども・ところが・でも・だが・が・しかるに

  例 熱が出た。しかし、学校を休まなかった。
  　　　　　　　　逆になるような事柄

- **並立・累加**…前の事柄に後の事柄を並べたり付け加えたりする。

  例 そして・また・および・しかも・それから・さらに

  例 父は医者であり、しかも、作家でもある。
  　　　　　　　　　付け加え

- **対比・選択**…前の事柄と後の事柄を比べて、どちらかを選ぶ。

  例 あるいは・それとも・または・もしくは

  例 海に行くか。あるいは、山に行くか。
  　　　　　　　　どちらか選ぶ

- **説明・補足**…前の事柄について、説明したり補足したりする。

  例 なぜなら・つまり・すなわち・たとえば・ただし

  例 私は犬が好きだ。なぜなら、かわいくてかしこいからだ。
  　　　　　　　　　　補足して説明

- **転換**…前の事柄から〔⑦　　　〕を変える。

  例 ところで・さて・ときに・では・それでは

  例 久しぶりだね。ところで、ご両親はお元気ですか。
  　　　　　　　　　　　　　　　→話題の変化

感動詞とは

- ▶ 活用のない自立語。
- ▶ 感動・呼びかけ・応答などを表し、〔⑧　　　〕語になる。

  例 ああ・やれやれ（感動）　ねえ・もしもし（呼びかけ）　はい・いいえ（応答）

解答 ①体言　②主語　③固有　④形容詞　⑤ない　⑥逆接　⑦話題　⑧独立

いまの実力を確認しよう

1 次の──線の副詞が係る部分を、それぞれ──線から選びなさい。

①弟は とても 楽しげに 笑いながら 友達と 遊んでいた。
　　　　　　ア　　　イ　　　　　ウ　　　　　エ

②もっと たくさん 強力な メンバーを 集めよう。
　　ア　　　イ　　　ウ　　　　エ

③きっと 妹は 将来 医者に なるだろう。
　　ア　　イ　　ウ　　　エ

④急に 学校から 母へ 連絡が あった。
　ア　　イ　　　ウ　　　エ

①	②	③	④

2 次の〔　〕に入る語を後から選びなさい。

①あの人にかぎって、〔　　〕うそは言わないだろう。

②〔　　〕その案が実現すれば、町は豊かになるだろう。

③〔　　〕ダンスをするように、チョウが飛んでいる。

④あなたは〔　　〕自分の意見をはっきり言わないのか。

　ア　もし　　イ　なぜ　　ウ　まるで　　エ　まさか

①	②	③	④

3 次の各文から連体詞をぬき出しなさい。

①お化けが出るなんて、単なるうわさ話にすぎない。

②今日、いつものあの店にみんなで集まる予定だ。

①	②

4 次の──線の名詞の種類を後から選びなさい。

①新型の電車は別の区間を走っている。

②これがあなたの作った模型ですか。

③私の父は大阪(おおさか)の出身です。

④気になることはインターネットなどで調べよう。

　ア　普通名詞　　イ　固有名詞　　ウ　数詞　　エ　形式名詞　　オ　代名詞

①	②	③	④

5 次のア・イから、──線の語が指示された品詞であるほうを選びなさい。

①連体詞　ア　昨日おかしな話を聞いた。
　　　　　イ　昨日おかしい話を聞いた。

②名詞　　ア　その町はなつかしい感じがした。
　　　　　イ　その町にはなつかしさを感じた。

③感動詞　ア　先生に「こんにちは」とあいさつした。
　　　　　イ　先生、こんにちは。

6 次の〔　〕に入る接続詞を後から選びなさい。

①いい天気ですね。〔　　〕、先日の話はどうなりましたか。

②放課後はサッカーをやるか、〔　　〕、野球をするか。

③毎日必死に練習した。〔　　〕、試合でゴールを決めることができた。

④弟を泣かせてしまった。〔　　〕、おこられなかった。

　　ア　だから　　イ　それとも　　ウ　ところが　　エ　ところで

①	②	③	④

7 次の──線の接続詞の働きを後から選びなさい。

①私の報告は以上です。さて、このあとはどうしますか。

②君の提案はとても評価された。つまり、採用だ。

③兄はとてもやさしい。したがって、だれからも好かれる。

④とてもしんどかった。でも、病院には行かなかった。

　　ア　順接　　　　イ　逆接　　　ウ　並立・累加　　エ　対比・選択
　　オ　説明・補足　カ　転換

①	②	③	④

文法

○解答

1 ①ア　②ア　③エ　④エ　　**2** ①エ　②ア　③ウ　④イ
3 ①単なる　②あの　　**4** ①ア　②オ　③イ　④エ　　**5** ①ア　②イ　③イ
6 ①エ　②イ　③ア　④ウ　　**7** ①カ　②オ　③ア　④イ

13 助動詞

助動詞とは

- 活用の〔①　　　〕付属語。
- 用言や体言、その他の語について、**いろいろな意味をそえる**働きをする。

助動詞の活用と意味

せる・させる

	未然形	連用形	終止形	連体形	仮定形	命令形
	せ	せ	せる	せる	せれ	せろ・せよ
	させ	させ	させる	させる	させれ	させろ・させよ

意味
- 〔②　　　〕＝ほかに動作を**させる**。
  例 妹を泣かせる。　弟に調べさせる。

れる・られる

	未然形	連用形	終止形	連体形	仮定形	命令形
	れ	れ	れる	れる	れれ	れろ・れよ
	られ	られ	られる	られる	られれ	られろ・られよ

意味
- 〔③　　　〕＝ほかから動作を**受ける**。　例 人にだまされる。
- **可能**＝動作が**できる**。　例 五分で行かれる。
- **自発**＝動作が**自然に起こる**。　例 昔がしのばれる。
- 〔④　　　〕＝動作する人を**尊敬する**。　例 先生が話される。

➡ 「れる」「られる」の主な意味の見分け方

- 動作を行う人を「○○によって」という形で補える。　→**受け身**
  例 失敗して笑われる。→ 失敗して〈友人によって〉笑われる。

- 「～ことが〔⑤　　　〕」と言いかえられる。　→**可能**
  例 いつでも出られる。→ いつでも出ることができる。

- 「**自然と**」などを補える。　→**自発**
  例 ふるさとが思い出される。→ ふるさとが〈自然と〉思い出される。

- 「**お～になる**・**なさる**」と言いかえられる。　→**尊敬**
  例 先生が帰られる。→ 先生がお帰りになる。

学習日：　月　日

う・よう

	未然形	連用形	終止形	連体形	仮定形	命令形
	○	○	う	(う)	○	○
	○	○	よう	(よう)	○	○

意味
- [⑥　　　]＝ほかを**推し量る**。　　例 さぞ心細かろう。
- **意志**＝話し手が**そうしたい**と思う。　例 私は本を読もう。
- **勧誘**＝誘いかける。　　　　　　　　例 いっしょに行こうよ。

まい

	未然形	連用形	終止形	連体形	仮定形	命令形
	○	○	まい	(まい)	○	○

意味
- **打ち消しの**[⑦　　　]＝「**〜ないだろう**」とほかを**推し量る**。
  例 母はくわしい事情を知るまい。
- **打ち消しの意志**＝「**〜ないつもりだ**」と話し手が思う。
  例 つらくても決してくじけまい。

ない・ぬ(ん)

	未然形	連用形	終止形	連体形	仮定形	命令形
	なかろ	なかっ・なく	ない	ない	なけれ	○
	○	ず	ぬ(ん)	ぬ(ん)	ね	○

意味
- **打ち消し**＝動作や状態などを**打ち消す**。
  例 不確かなことは話さない。　無断欠席は断じて許さぬ。

らしい

	未然形	連用形	終止形	連体形	仮定形	命令形
	○	らしかっ・らしく・らしゅう	らしい	らしい	(らしけれ)	○

意味
- **推定**＝ある**根拠**をもとに**推し量る**。
  例 来年の夏は今年よりも暑いらしい。

解答 ①ある　②使役　③受け身　④尊敬　⑤できる　⑥推量　⑦推量

文法

41

そうだ	未然形	連用形	終止形	連体形	仮定形	命令形
・様態→	そうだろ	そうだっ・そうで・そうに	そうだ	そうな	そうなら	○
・伝聞→	○	そうで	そうだ	○	○	○

意味
- 様態＝そういう様子である。　　例 雨が降りそうだ。
- 〔①　　〕＝人からそう伝え聞いている。　例 雨が降るそうだ。

➡ 「そうだ」の主な意味の見分け方

- 動詞の<u>連用形</u>、形容詞・形容動詞の<u>語幹</u>につく。→様態
- 活用語の〔②　　〕形につく。→伝聞

例 雨が 降り そうだ。　　　例 雨が 降る そうだ。
　　動詞の連用形----→様態　　　　動詞の終止形----→伝聞

ようだ	未然形	連用形	終止形	連体形	仮定形	命令形
	ようだろ	ようだっ・ようで・ように	ようだ	ような	ようなら	○

意味
- 比況＝ほかのものにたとえて言う。　例 もみじのような手だ。
- 例示＝例として示す。　　　　　　　例 母のような人になりたい。
- 推定＝ある根拠をもとに推し量る。　例 外は寒いようだ。

➡ 「ようだ」の主な意味の見分け方

- 前に「〔③　　〕」を補える。→比況

　例 ひつじのような形をした雲。→〈まるで〉ひつじのような形をした雲。

- 前に「たとえば」を補える。→例示

　例 牛や馬のような大きな動物。→〈たとえば〉牛や馬のような大きな動物。

- 「らしい」に言いかえられる。→〔④　　〕

　例 弟は自転車で出かけたようだ。→ 弟は自転車で出かけた らしい 。

ます	未然形	連用形	終止形	連体形	仮定形	命令形
	ませ・ましょ	まし	ます	ます	ますれ	ませ・まし

意味
- 丁寧＝聞き手を敬って丁寧に言う。　例 私が行きます。

学習日： 月 日

だ・です

	未然形	連用形	終止形	連体形	仮定形	命令形
	(だろ)	だっ・で	だ	(な)	なら	○
	でしょ	でし	です	(です)	○	○

意味
▶ **断定**＝物事をそうだと**断定**する。「です」は「だ」の**丁寧**な言い方。
　　例 明日は日曜日だ。　私の兄は大学生です。

た

未然形	連用形	終止形	連体形	仮定形	命令形
たろ	○	た	た	たら	○

意味
▶ **過去**＝過去を回想して述べる。　例 昨日は海で泳いだ。
▶ **完了**＝動作が**ちょうど完結**したところ。　例 今、学校から帰った。
▶ **存続**＝動作の**結果**が引き続き存在する。　例 かべにかけた絵。
　℮ 「〜**ている**」「〜てある」に言いかえられる。
　　例 かべにかけた絵。 → かべにかけ ている 絵。

→**注意** 動詞の連用形の**撥音便**、**イ音便**につくと、濁音化して「**だ**」となる。
　例 本を読んだ。　　例 みんなで泳いだ。
　　「読む」の連用形の撥音便　　「泳ぐ」の連用形のイ音便
● 断定の助動詞「だ」は、〔⑤　　〕や助詞「**の**」などにつく。

たい

未然形	連用形	終止形	連体形	仮定形	命令形
たかろ	たかっ・たく	たい	たい	たけれ	○

意味
▶ **希望**＝〔⑥　　〕の希望。　例 私は本が読みたい。

たがる

未然形	連用形	終止形	連体形	仮定形	命令形
たがら/たがろ	たがり/たがっ	たがる	たがる	たがれ	○

意味
▶ **希望**＝〔⑦　　〕の希望。　例 妹が本を読みたがる。

解答 ①伝聞　②終止　③まるで　④推定　⑤体言　⑥自己　⑦他者

いまの実力を確認しよう

1 次の——線の助動詞の意味を後から選びなさい。

①朝は目覚ましを鳴らさなくても起きられる。

②お客さまのうちお二人は電車で来られる。

③母に夕食の買い物を言いつけられる。

④桜が散るのを見るとさみしく感じられる。

　ア　受け身　　イ　可能　　ウ　自発　　エ　尊敬

①	②	③	④

2 次の——線の助動詞の意味を後から選びなさい。

①新しい商品のサンプルができたので、きみにもあげよう。

②発表会に向けて、みんなで集まって練習しよう。

③世間の人も今は注目しているが、一年もたてば忘れよう。

　ア　推量　　イ　意志　　ウ　勧誘

①	②	③

3 次の——線の助動詞と意味が同じものを、後から選びなさい。

①助手席に犬を乗せた車を見た。

　ア　昨日学校の帰りに友達と話した。

　イ　今ちょうど父から電話があった。

　ウ　こわれたテレビをひとりで直した。

②氷のように冷たい手をにぎる。

　ア　雪のような真っ白の服を着る。

　イ　田中(たなか)さんのようにチームの柱になりたい。

　ウ　あの歌手は明日の公演には出ないようだ。

③今年の夏は暑くなりそうに思える。

　ア　明日は朝から大雨になるそうだ。

　イ　来週は家族で旅行に行くそうだ。

　ウ　テストの結果に自信がありそうだ。

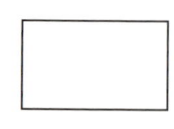

4 次の――線の助動詞の意味が同じ場合は○、異なる場合は×で答えなさい。

① ┌ 今日はもうその人は来るまい。
　 └ その人とこの話はするまい。

② ┌ 姉は毎日プールで泳いだ。
　 └ 姉の日課はプールで泳ぐことだ。

5 次の――線の助動詞から、意味がほかと異なるものを選びなさい。

① ア 同窓生との会話で当時が思い出される。
　 イ 会社の創立パーティーに呼ばれる。
　 ウ 遠くで暮らす祖母のことがしのばれる。
　 エ 選手たちの今日の体調が心配される。

② ア 学校に新しい体育館ができるそうだ。
　 イ 明日の試合は白熱した戦いになりそうだ。
　 ウ 初参加でみごと優勝したそうだ。
　 エ 兄の友人はとなり町にある学校へ行くそうだ。

6 次の――線の助動詞の意味を後から選びなさい。

①父はペットのことばかり話題にしたがる。
②次の休みの日には遊園地に行きたい。
③あなたの事情も分からぬわけではない。
④先生は私にボールを投げさせた。
⑤明日から天気はよくなるらしい。
⑥これから母と祖母の家に行きます。

　ア 他者の希望　　イ 使役（しえき）　　ウ 丁寧
　エ 自己の希望　　オ 打ち消し　　　　　カ 推定

文法

○解答
1 ①イ ②エ ③ア ④ウ　**2** ①イ ②ウ ③ア　**3** ①ウ ②ア ③ウ
4 ①× ②×　**5** ①イ ②イ　**6** ①ア ②エ ③オ ④イ ⑤カ ⑥ウ

14 助詞

助詞とは

- 〔①　　　〕のない付属語。
- いろいろな語について、語と語の関係を示す。

助詞の種類

- 〔②　　　〕…主に**体言**につき、下の語句との文節関係を表す。　例「が」「と」
- **接続助詞**…主に**用言**や**助動詞**につき、前後をつなぐ。　例「ば」「と」
- 〔③　　　〕…いろいろな語につき、ある意味をそえる。　例「も」「か」
- **終助詞**…主に**文末**につき、話し手・書き手の気持ちを表す。　例「か」「な」

主な助詞の種類と意味

の　〔④　　　〕**助詞**と**終助詞**がある。

意味　■**格助詞**

- 〔⑤　　　〕を表す。　例 弟のかいた絵。
- **連体修飾語**を作り、**性質**・**所有**・**所属**などを表す。
 例 桜の花が散る。（性質）　兄の本を借りる。（所有）
 　 学校の先生と駅で会う。（所属）
- 〔⑥　　　〕を代用する。　例 海で泳ぐのは難しい。

■**終助詞**

- **質問**を表す。　例 いつ出発するの。

➡ 格助詞「の」の主な意味の見分け方

- 「**が**」と言いかえられる。　→**主語を表す「の」**
 例 弟のかいた絵。 → 弟がかいた絵。
- 「**体言＋の＋体言**」の形をとる。　→**連体修飾語**を作る「の」
- 「**こと**」「**もの**」などと言いかえられる。　→**体言を代用する「の」**
 例 海で泳ぐのは難しい。 → 海で泳ぐことは難しい。

学習日： 月 日

が

格助詞と〔⑦　　　〕助詞がある。

意味

■格助詞
- 〔⑧　　　〕を表す。　例雨が降っている。
- 対象を表す。　例ごはんが食べたい。

■接続助詞
- 〔⑨　　　〕を表す。　例探したが見つからなかった。
- 単純接続を表す。　例昨日の話だが、私は反対だ。
- 並立（へいりつ）を表す。　例本も好きだが、映画も好きだ。

と

〔⑩　　　〕助詞と接続助詞がある。

意味

■格助詞
- 相手を表す。　　　　例強いチームと試合をする。
- 結果を表す。　　　　例氷が水となる。
- 列挙を表す。　　　　例海と山に行く。
- 〔⑪　　　〕を表す。　例妹も行くと言った。

■接続助詞
- 仮定の条件を表す。　　　例急がないと学校におくれる。
- 確定の条件を表す。　　　例屋上にあがると駅が見えた。
- 仮定の〔⑫　　　〕を表す。　例何を言われようと、私は平気です。

➡「が」「と」の助詞の種類の見分け方

- 体言や助詞「の」につく　→　格助詞
  - →注意　引用を表す「と」は、用言にもつく。
- 活用語の終止形につく　→　接続助詞

解答　①活用　②格助詞　③副助詞　④格　⑤主語　⑥体言　⑦接続　⑧主語　⑨逆接　⑩格　⑪引用　⑫逆接

文法

47

から

〔①　　　〕助詞と**接続助詞**がある。

意味

■格助詞
- **起点**を表す。　例 昨日東京から兄が帰ってきた。
- **相手**を表す。　例 友達からゲームを借りる。

■接続助詞
- 〔②　　　〕を表す。　例 その服は安いから買った。

➡「から」の助詞の種類の見分け方

- 「だから」と言いかえられない。　→ **格助詞**

　例 昨日東京から兄が帰ってきた。→ × 昨日東京だから兄が帰ってきた。

- 「だから」と言いかえられる。　→ 〔③　　　〕助詞

　例 その服は安いから買った。→ ○ その服は安かった。だから、買った。

か

〔④　　　〕助詞と**終助詞**がある。

意味

■副助詞
- **不確かさ**を表す。　例 だれか来たようだ。
- **選択**を表す。　例 出るかとどまるかを決めよう。

■終助詞
- 〔⑤　　　〕を表す。　例 どうして許せようか。
- **感動**を表す。　例 なんと美しい風景か。
- **疑問**や**勧誘**を表す。　例 今何時ですか。　明日は出かけようか。

➡「か」の助詞の種類の見分け方

- **文中**にあり、後の文節に係る。**直後に「と」を補えない**。　→ 〔⑥　　　〕助詞

　例 何か飲ませてくれ。→ × 何か〈と〉飲ませてくれ。

- ふつう**文末**にある。文中にある場合、**直後に「と」を補える**。　→ **終助詞**

　例 これは何か考える。→ ○ これは何か〈と〉考える。

48

で

〔⑦　　〕助詞のみである。

意味
- 〔⑧　　〕を表す。　例 公園で野球をする。
- **手段**や**材料**を表す。　例 車で通院する。　木でいすを作る。
- **原因**や**理由**を表す。　例 かぜで学校を休む。　いたずらでおこられる。
- **対価**を表す。　例 百円でお茶を買う。

主な意味の見分け方

「**～によって**」と言いかえられる。　→**手段**や**材料**を表す「で」
　例 車で通院する。　→　車によって通院する。

「**～のために**」と言いかえられる。　→**原因**や**理由**を表す「で」
　例 かぜで学校を休む。　→　かぜのために学校を休む。

→**注意** 接続助詞「**て**」が動詞の音便形について濁音化した「で」もある。
　例 魚が泳いでいる。　妹が本を読んでいる。

に

〔⑨　　〕助詞のみである。

意味
- **時**を表す。　例 午後一時に集合する。
- 〔⑩　　〕を表す。　例 駅前の公園に行く。
- **相手**や**対象**を表す。　例 父に相談する。　自然にふれる。
- 〔⑪　　〕を表す。　例 新しい服を買いに行く。
- **結果**を表す。　例 試合は相手チームの勝利に終わる。
- **状態**を表す。　例 車が上下にゆれる。

「に」は、意味の見分けだけでなく、ほかの品詞との見分けもよく出題されるんだよ。

解答 ①格　②理由　③接続　④副　⑤反語　⑥副　⑦格　⑧場所　⑨格　⑩場所　⑪目的

ながら

〔① 〕助詞のみである。

意味
- 逆接を表す。　　　　　　　　　例 小さいながら体力はある。
- 二つの事柄を同時に行うことを表す。　例 歩きながら考えごとをした。

→参考　接続助詞だが、体言につくこともある。　例 小柄ながら体力はある。

も

〔② 〕助詞のみである。

意味
- 同類を表す。　　　　例 私もその本を読んだ。
- 強調を表す。　　　　例 約束に一時間もおくれる。
- 〔③ 〕を表す。　例 大人も子どもも集まった。

でも

副助詞のみである。

意味
- ほかを類推させる意を表す。　例 小学生でも分かる問題だ。
- 〔④ 〕を表す。　　　　　例 トランプでもしようか。

注意しよう　「でも」は、副助詞「でも」と、＜ほかの品詞や助詞＋副助詞「も」＞との見分け方をおさえておく。

● 〔⑤ 〕につき、「も」がないと意味が通らない。　→副助詞「でも」

例 トランプでもしようか。→ × トランプでしようか。

● 「も」がなくても意味が通る。　→＜ほかの品詞や助詞＋副助詞「も」＞

- 形容動詞の活用語尾＋「も」　例 正確でもない。→ 正確でない。
- 断定の助動詞＋「も」　　　　例 母は詩人でもある。→ 母は詩人である。
- 〔⑥ 〕助詞＋「も」　　　例 家でも勉強する。→ 家で勉強する。

→注意　接続助詞「ても」が動詞の音便形について濁音化した「でも」もある。

例 大声でさわいでも聞こえない。　呼んでも来ないだろう。

学習日：　月　日

さえ　副助詞のみである。

意味
- ほかを類推させる意を表す。　例 水さえ飲めない。
- 添加を表す。　例 そのうえ強い風さえふきだした。
- 〔⑦　　〕を表す。　例 やる気さえあればよい。

主な意味の見分け方

- 「すら」と言いかえられる。　→ ほかを類推させる意を表す「さえ」

  例 好物さえ食べる気になれない。→ 好物すら食べる気になれない。

- 「までも」と言いかえられる。　→ 添加を表す「さえ」

  例 そのうえ雨さえ降りだす。→ そのうえ雨までも降りだす。

- 「だけ」と言いかえられる。　→ 〔⑧　　〕を表す「さえ」

  例 お米さえあればよい。→ お米だけあればよい。

ばかり　〔⑨　　〕助詞のみである。

意味
- 〔⑩　　〕を表す。　例 一時間ばかりかかる。
- 限定を表す。　例 テレビばかり見ている。
- 直後を表す。　例 できたばかりの校舎。

主な意味の見分け方

- 「くらい」と言いかえられる。　→ 程度を表す「ばかり」

  例 一時間ばかりかかる。→ 一時間くらいかかる。

- 「だけ」と言いかえられる。　→ 〔⑪　　〕を表す「ばかり」

  例 テレビばかり見ている。→ テレビだけ見ている。

- 「(し)て間もない」と言いかえられる。　→ 直後を表す「ばかり」

  例 買ったばかりの服を着てみる。→ 買って間もない服を着てみる。

解答 ①接続　②副　③並立　④例示　⑤体言　⑥格　⑦限定　⑧限定　⑨副　⑩程度　⑪限定

51

いまの実力を確認しよう

1 次の──線の助詞の種類を後から選びなさい。

①テレビを見ながらごはんを食べるのはやめなさい。

②どうしてこのまま終われようか。

③外国にいる姉から手紙が届いた。

④子どもでもそんないたずらはしない。

　ア　格助詞　　イ　接続助詞　　ウ　副助詞　　エ　終助詞

①	②	③	④

2 次の──線の助詞と意味が同じものを後から選びなさい。

①昨日兄の作ったカレーを食べた。

　ア　弟の誕生日を家族で祝う。

　イ　毎日朝早く起きるのはたいへんだ。

　ウ　父のとった写真が雑誌にのった。

②昨日駅前でイベントがあった。

　ア　私は毎日自転車で通学する。

　イ　さっき買った野菜でサラダを作る。

　ウ　今年は他県で合宿を行う。

③あまりの苦しさに声さえ出ない。

　ア　それは専門家さえ首をかしげる現象だった。

　イ　私ばかりではなく、先生さえこの案に反対している。

　ウ　この試合に勝ちさえすれば、私としては満足だ。

3 次の──線の助詞の意味を後から選びなさい。

①買ったばかりのゲームで友達と遊ぶ。

②朝から晩まで本ばかり読んでいる。

③かれこれ一年ばかり祖母と会っていない。

　ア　程度　　イ　限定　　ウ　直後

①	②	③

4 次の――線から、助詞の種類がほかと異なるものを選びなさい。

① ア　学校に行くと文化祭の予定が発表されていた。
　 イ　明日は友達と遊びにいくつもりだ。
　 ウ　熱いおふろに入るとつかれがとれる。
　 エ　だれがなんと言おうと、必ず実行する。

② ア　雨は降らなかったが、とても風が強かった。
　 イ　バスはおくれたが、学校には間に合った。
　 ウ　その商品は使いやすいが、値段も安い。
　 エ　うそをつかないことが、もっとも大切だ。

③ ア　明日どなたとお会いになるのですか。
　 イ　何か重大な発表があるようだ。
　 ウ　夏休みには海へ泳ぎに行かないか。
　 エ　この映画をみたことがありますか。

文法

5 次の――線から副助詞「でも」を選びなさい。

ア　その医者は作家でもある。
イ　放課後に校庭でサッカーでもしよう。
ウ　これからは通勤でも乗用車を使用できる。

6 次の――線の助詞の意味を後から選びなさい。

①毎日父は犬と散歩に行く。
②明日から海外に旅行に出かける。
③私は英語も社会も好きだ。
④漢字を覚えるには何回も書くのがいい。

　　ア　並立　　イ　目的　　ウ　強調　　エ　場所

①	②	③	④

○解答

1 ①イ　②エ　③ア　④ウ　**2** ①ウ　②ウ　③ア　**3** ①ウ　②イ　③ア
4 ①イ　②エ　③イ　**5** イ　**6** ①イ　②エ　③ア　④ウ

53

15 まぎらわしい品詞の見分け

> 助詞や助動詞の意味だけでなく、同じ言葉で異なる品詞のものを見分ける問題がよく出されるね。

覚えておきたい見分け方

だ

- 「な」に言いかえて**連体修飾語**になる。
  → 〔①　　　　〕詞の活用語尾
  例 弟は元気だ。 → ○ 弟は元気な（人）。

- 「な」に言いかえられない。**体言**につく。　→断定の助動詞「だ」
  例 歌っているのは妹だ。 → × 歌っているのは妹な（人）。

断定の助動詞「だ」以外の助動詞

▶ 過去の助動詞「た」の濁音化…動詞の連用形の**撥音便**、**イ音便**につく。

　例 母が弟を呼んだ。　　例 みんなで手をつないだ。
　　「呼ぶ」の連用形の撥音便　　「つなぐ」の連用形のイ音便

▶ 助動詞「そうだ」「ようだ」の一部

で

- **体言**や助詞の「の」などにつき、**連用修飾語**を作る。　→格助詞「で」
  例 かぜで学校を休む。

- 「だ」にかえて、文を言い切れる。　→断定の助動詞「だ」の連用形
  例 兄は野球選手で、投手である。 → ○ 兄は野球選手だ。

- 前に「とても」を補える。→〔②　　　　〕詞の連用形活用語尾
  例 弟は元気で、よく遊ぶ。 → 弟は〈とても〉元気で、よく遊ぶ。

格助詞「で」以外の助詞

▶ 接続助詞「〔③　　〕」の濁音化…動詞の連用形の**撥音便**、**イ音便**につく。

　例 妹が遊んでいる。　　例 湖でボートをこいで遊ぶ。
　　「遊ぶ」の連用形の撥音便　　「こぐ」の連用形のイ音便

▶ 接続助詞「ので」の一部…「ので」を「〔④　　　〕」と言いかえられる。

　例 頭が痛いので、早退した。 → ○ 頭が痛いから、早退した。

学習日：　月　日

ない

- 助動詞「ぬ」に言いかえられる。　→打ち消しの助動詞「ない」
  例 学校へ行かない。 → ○ 学校へ行かぬ。
- 助動詞「ぬ」に言いかえられない。　→〔⑤　　　〕
  例 遊ぶ時間がない。 → × 遊ぶ時間がぬ。

▶ 形容詞の「ない」の見分け方

- 「ある」の反対の意味。　→単独の形容詞
- 直前に「〔⑥　〕」「も」などを補える。　→補助形容詞
  例 あの山は高くない。 → あの山は高く〈は〉ない。
- 「あぶない」など、直前の部分と切りはなせない。　→形容詞の一部

に

- 〔⑦　　　〕などにつき、連用修飾語を作る。　→格助詞「に」
  例 毎日歩いて学校に行く。
- 前に「とても」を補える。　→形容動詞の連用形活用語尾
  例 弟は元気になった。 → 弟は〈とても〉元気になった。
- 直前の部分と切り離せないか、直前の部分だけでも副詞になる。
  →副詞の一部
  例 これからすぐに出発する。 → これからすぐ出発する。

▶ 格助詞「に」以外の助詞

- 接続助詞「のに」の一部…「のに」を「が」と言いかえられる。
  例 風はないのに、桜は散った。 → ○ 風はないが、桜は散った。

らしい

- 前に「どうやら」を補える。　→推定の助動詞「らしい」
  例 父親らしい人かげ。 → ○ 〈どうやら〉父親らしい人かげ。
- 前に「〔⑧　　　〕」を補える。　→形容詞の一部
  例 中学生らしい行動。 → ○ 〈いかにも〉中学生らしい行動。

解答 ①形容動　②形容動　③て　④から　⑤形容詞　⑥は　⑦体言　⑧いかにも

55

16 敬語

敬語とは

▶話し相手や話題になっている人物に対して敬意を示す表現。

> 敬語の種類を見分ける問題や、まちがった敬語を正しく直す問題がよく出されるね。

敬語の種類

- 〔①　　　〕語…話の相手や話題に上った人物を、直接高める。

  例 お客さまが朝食をめし上がる。(「客」への敬意)

  例 先生が本をお読みになる。(「先生」への敬意)

- 謙譲語…自分や身内を〔②　　　〕ことで、相手や話題上の人物を高める。

  例 改めてお手紙を差し上げます。(「話している相手」への敬意)

  例 先生の荷物をお持ちする。(「先生」への敬意)

  →参考 謙譲語は、さらに次の2種類に分けられることがある。

  (1)謙譲語…自分を下げることで、動作対象を高める。　例 先生に申し上げる。

  (2)丁重語…自分を下げることで、聞き手を高める。　例 私は菅谷と申します。

- 丁寧語…〔③　　　〕な言葉づかいで聞き手に対する敬意を表す。

  例 ありがとうございます。

  例 りっぱなプールがある学校です。

  →参考 丁寧語は、さらに次の2種類に分けられることがある。

  (1)丁寧語…丁寧な表現を用いて、聞き手を高める。　例 明日には帰ります。

  (2)美化語…接頭語「お(ご)」をつけて上品に表現する。　例 お水を飲む。

⇒ 誤った敬語表現ーその1

×身内に関することで尊敬語を使う

自分の身内のことを他者に伝える場合には、たとえその身内が目上の人物であっても、尊敬語は使わず、敬意のない表現や謙譲語を使う。

例 ×お母さんが、先生によろしくと　×おっしゃっておりました。
　　　↳○ 母　　　　　　　　　　　　↳○ 申して

学習日： 月 日

敬意の表し方

特別な動詞を使った敬語

● 尊敬語と〔④ 　　〕語がある

	尊敬語	謙譲語
あたえる	くださる	〔⑤ 差し上げる 〕
言う	〔⑥ おっしゃる 〕	申し上げる
行く	いらっしゃる	うかがう
来る	いらっしゃる・おいでになる	
いる	いらっしゃる・おいでになる	おる
する	なさる	いたす
食べる・飲む	〔⑦ めし上がる 〕	いただく
もらう		いただく
見る	ご覧になる	〔⑧ 拝見する 〕
聞く		うかがう・うけたまわる

→参考　敬意を表す特別な動詞には、**補助動詞**としても使われるものもある。

例 くださる…先生が話してくださる。

例 なさる…先生がお話しなさる。

例 いただく…先生に話を聞いていただく。

➡ 誤った敬語表現ーその２

×特別な動詞について、尊敬語と謙譲語を取りちがえて使う

　敬意の対象をきちんとおさえて、適切な動詞を使うようにする。

例 どうぞ ×いただいてください。
　　　　↳食べるのは相手＝謙譲語は× → ○ めし上がって（尊敬語）

解答 ①尊敬　②低める　③丁寧　④謙譲　⑤差し上げる　⑥おっしゃる
　　　　⑦めし上がる　⑧拝見する

文法

接頭語「お(ご)」を使った敬語表現

「お(ご)」を使った敬意を表す表現には、尊敬語と謙譲語があるので、しっかりと使い分けよう。

[①　　]語	お(ご)〜になる	例 先生が生徒にお話しになる。
	お(ご)〜だ(です)	例 招待状をお持ちですか。
	お(ご)〜ください	例 必要なものをお求めください。
	お(ご)〜になれる	例 この部屋をご使用になれます。
謙譲語	お(ご)〜する	例 生徒が先生にお話しする。
	お(ご)〜している	例 生徒が先生とお話ししている。
	お(ご)〜できる	例 この部屋はお貸しできません。

➡参考　敬意を表す特別な動詞を**補助動詞として用いる**場合がある。

▶「お(ご)〜になる」→「お(ご)〜なさる」

例 先生がお話しになる。→ 先生がお話しなさる。

▶「お(ご)〜する」→「お(ご)〜〔②　　　　〕」

例 兄がご案内します。→ 兄がご案内いたします。

●「お(ご)〜して〔③　　　　〕」で、**二者に同時に敬意を表す**ことができる。

- 「お(ご)〜する」：**動作を受ける人への敬意**　｜謙譲語と尊敬語の
- 「お(ご)〜くださる」：**動作をする人への敬意**　｜組み合わせ

例 佐藤先生が校長先生にお話しして　くださる。

　　謙譲語＝校長先生への敬意　　尊敬語＝佐藤先生への敬意

●相手のものに「**お(ご)**」をつけると、**尊敬語**となる。

➡注意　上品・丁寧に言うときの「**お(ご)**」をつけた表現は〔④　　　〕語となる。

例 先生のお話は楽しい。…相手の「話」のこと＝**尊敬語**

　　このお話は楽しい。…自分の知っている「話」のこと＝**丁寧語**

学習日：　月　日

誤った敬語表現―その3

× 「お(ご)」を使った表現について、尊敬語と謙譲語を取りちがえて使う

敬意の対象をきちんとおさえて、適切な表現を使うようにする。

例 お名前を ×お書きして、お出しください。
　　　　　　　↳→書くのは相手＝謙譲語は× → ○ お書き〔⑤　　　　　〕

これは、母が ×お出しになった手紙です。
　　　　　　　↳→出したのは母＝尊敬語は× → ○ お出しした（出した）

助動詞「れる」「られる」を使った敬語表現

▶「れる」「られる」には〔⑥　　　　　〕の意味を表す用法があり、**尊敬語**として使われる。

→**謙譲語**としては使わ**ない**。

誤った敬語表現―その4

×謙譲語の動詞に「れる」「られる」をつける

「申す」「参る」「いただく」など、謙譲語の動詞に「れる」「られる」をつけても、尊敬語にはならない。

例 あなたの 申されるとおりです。
　　　　　　↳→× 謙譲語「申す」＋「れる」→ ○ 言われる（おっしゃる）

×いくつもの敬語を重ねて使う

尊敬語を重ねるなどの過度な敬語表現はしない。

例 絵を ご覧になられる。
　　　　　↳→×「ご覧になる」＋「れる」…二重の敬語 → ○ 〔⑦　　　　　〕

丁寧語を使った敬語表現

▶助動詞「〔⑧　　　　〕」「ます」を使う。　例 私が当番です。　駅まで行きます。

▶「ございます」を使う。　　　　　　　　例 おはようございます。

▶接頭語「お」「ご」を使う。　　　　　　例 お水　おふろ　ご飯　ごほうび

注意しよう

「お(ご)」のついた言葉が尊敬語と丁寧語のどちらになるかは、敬意の対象によって判断する。

解答 ①尊敬　②いたす　③くださる　④丁寧　⑤になって　⑥尊敬　⑦ご覧になる
⑧です

文法

59

いまの実力を確認しよう

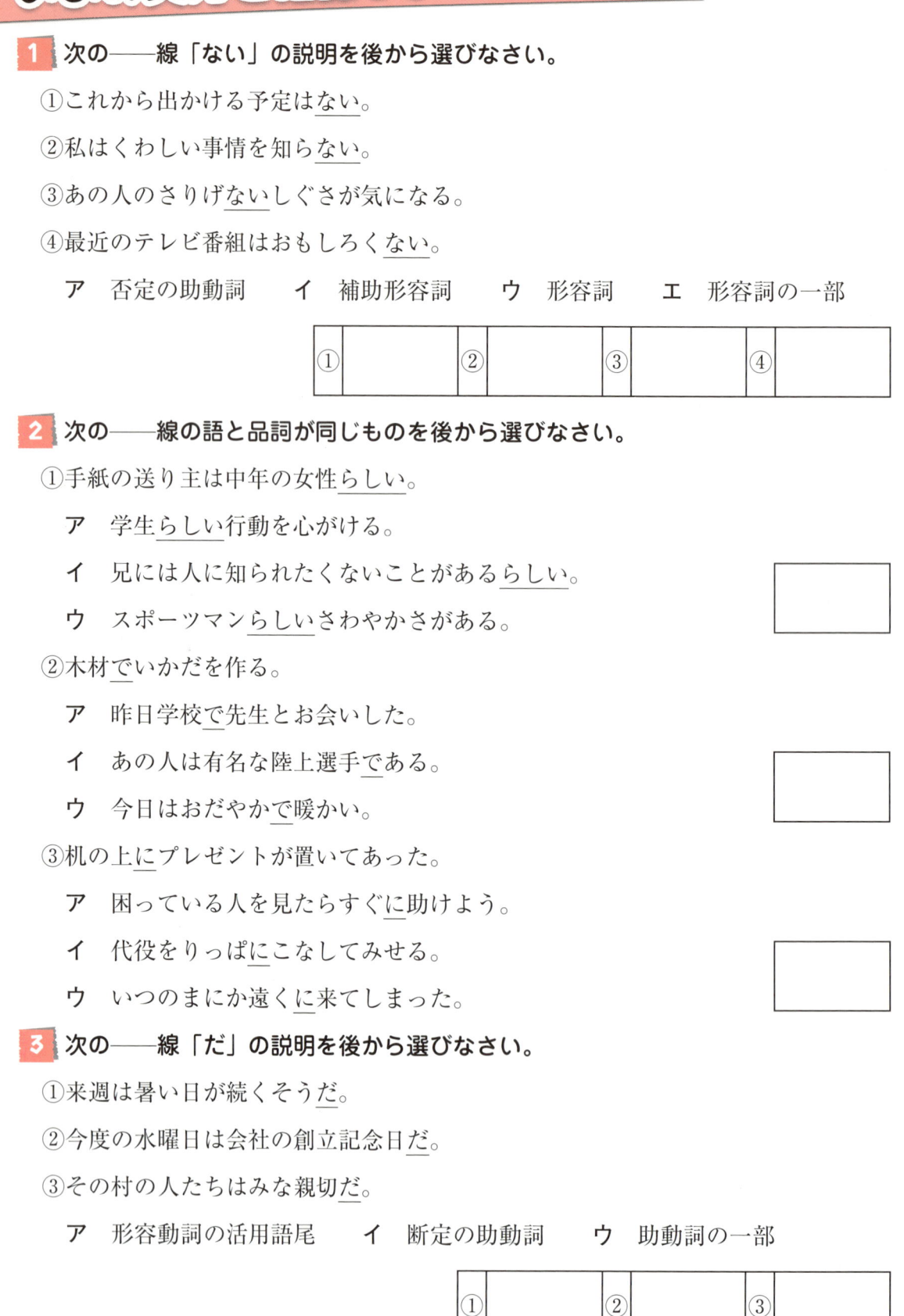

1 次の——線「ない」の説明を後から選びなさい。

①これから出かける予定はない。

②私はくわしい事情を知らない。

③あの人のさりげないしぐさが気になる。

④最近のテレビ番組はおもしろくない。

　ア　否定の助動詞　　イ　補助形容詞　　ウ　形容詞　　エ　形容詞の一部

①	②	③	④

2 次の——線の語と品詞が同じものを後から選びなさい。

①手紙の送り主は中年の女性らしい。

　ア　学生らしい行動を心がける。

　イ　兄には人に知られたくないことがあるらしい。

　ウ　スポーツマンらしいさわやかさがある。

②木材でいかだを作る。

　ア　昨日学校で先生とお会いした。

　イ　あの人は有名な陸上選手である。

　ウ　今日はおだやかで暖かい。

③机の上にプレゼントが置いてあった。

　ア　困っている人を見たらすぐに助けよう。

　イ　代役をりっぱにこなしてみせる。

　ウ　いつのまにか遠くに来てしまった。

3 次の——線「だ」の説明を後から選びなさい。

①来週は暑い日が続くそうだ。

②今度の水曜日は会社の創立記念日だ。

③その村の人たちはみな親切だ。

　ア　形容動詞の活用語尾　　イ　断定の助動詞　　ウ　助動詞の一部

①	②	③

4 次の――線の語と敬語の種類が同じものを後から選びなさい。

①この件の回答はどう<u>なさる</u>おつもりですか。

　ア　私が好きなスポーツは野球<u>です</u>。

　イ　先生がねぎらいの言葉を<u>くださった</u>。

　ウ　担当者が直接そちらに<u>参り</u>ます。

②どのようなご要望でも<u>うけたまわり</u>ます。

　ア　会議の日程について<u>お聞きになり</u>ましたか。

　イ　そのデパートには何でも<u>ございます</u>。

　ウ　私が会場までのご案内を<u>いたします</u>。

5 次の――線の敬語から、使い方が誤っているものを選びなさい。

①　ア　明日、母が学校に<u>うかがう</u>予定です。

　　イ　お好きなものを<u>拝見して</u>ください。

　　ウ　温かい飲み物を<u>差し上げ</u>ましょうか。

②　ア　駅までの道順を<u>ご存じ</u>ですか。

　　イ　予約券のない方は<u>お入りになれません</u>。

　　ウ　兄は夕方6時に<u>お帰りになられます</u>。

6 次の――線の語を〈　〉の指示に従って直しなさい。

①友達の家で夕食を<u>食べる</u>。〈謙譲語に〉

②社長が社員の働きぶりを<u>見る</u>。〈尊敬語に〉

7 次の――線の敬語から、使い方が誤っているものを選びなさい。

　久しぶりにお手紙を<u>差し上げます</u>ア。先日、友人から、先生が<u>転職された</u>イことを<u>お聞きになりました</u>ウ。たいへんおどろいて<u>おります</u>エ。

◯解答
1 ①ウ　②ア　③エ　④イ　**2** ①イ　②ア　③ウ　**3** ①ウ　②イ　③ア
4 ①イ　②ウ　**5** ①イ　②ウ　**6** ①いただく　②ご覧になる　**7** ウ

61

17 歴史的仮名遣い

歴史的仮名遣いとは

▶ 平安時代の発音に合わせた書き表し方で、現代とは異なる。

▶ 歴史的仮名遣いには、その読み方のきまりがある。

> 歴史的仮名遣いを現代仮名遣いに直す問題はよく出題されるね。きまりをしっかりと身につけておこう。

歴史的仮名遣いの読み方

● 語中や語尾にあるハ行…現代のワ行に直して読む。

は	[①]	例 には → にわ（庭）
ひ	い	例 こひ → こい（恋）
ふ	う	例 おもふ → [②]（思ふ）
へ	[③]	例 かへる → かえる（帰る）
ほ	お	例 こほり → [④]（氷）

● ワ行の仮名「ゐ」「ゑ」「を」…「い」「え」「お」に直して読む。

ゐ	い	例 ゐなか → [⑤]（田舎）
ゑ	え	例 ゑまき → [⑥]（絵巻）
を	お	例 かをり → かおり（香り）

● 「ぢ」「づ」……「じ」「ず」に直して読む。

ぢ	じ	例 はぢ → はじ（恥）
づ	ず	例 あづき → [⑦]（小豆）

「やう」「しう」「てう」……「よう」「しゅう」「ちょう」に直して読む。

やう	よう	例 やうやう → [⑧]
しう	しゅう	例 うつくしう → [⑨]
てう	ちょう	例 てうど → ちょうど（調度）

なるほどチェック

◎語中や語尾にある「う」に注意する。
　・前の語とセットにした読みになる。
　・読み方は、**前の語の母音**によって変わる。
　　→前の語の**子音はそのまま残る**。

ローマ字に置きかえてみると、ルールが分かりやすいよ。

● 前の語の母音が**ア**（kau・yau など）
　▶「**au**」の部分を「**オー（ô）**」と読む。
　　例 かう（kau）→ [⑩   ]（kô）　やう（yau）→ヨー（yô）

● 前の語の母音が**イ**（siu・jiu など）
　▶「**iu**」の部分を「**ユー（yû）**」と読む。
　　例 しう（siu）→ [⑪   ]（syû）　じう（jiu）→ジュー（jyû）

● 前の語の母音が**エ**（seu・teu など）
　▶「**eu**」の部分を「**ヨー（yô）**」と読む。
　　例 せう（seu）→**ショー**（syô）　てう（teu）→チョー（tyô）

注意しよう

語中・語尾の「ふ」も、「う」と読むので同じである。
　例 けふ（kefu）→（keu）→**キョー**（kyô・今日）

解答
①わ　②おもう　③え　④こおり　⑤いなか　⑥えまき　⑦あずき
⑧ようよう　⑨うつくしゅう　⑩コー（こう）　⑪シュー（しゅう）

18 係り結び・古典の言葉

係り結びとは

▶文中に係りの助詞＝「**ぞ・なむ・や（やは）・か（かは）・こそ**」がある場合に、文末が〔① 　　　〕形以外で結ばれること。

係りの助詞	意味	結びの活用形
ぞ・**なむ**	強意	〔③ 　　　〕形
や（やは）・**か**（かは）	疑問・〔② 　　　〕	
こそ	強意	已然形

古語の活用形は、未然形・連用形・終止形・連体形・已然形・命令形の６種類で、仮定形はないんだよ。

例 名をば、さかきのみやつこと**なむ**いひ〔④ 　　　〕。＜強意＞

（その名を、「さかきのみやつこ」といった。）

例 みの、かさ**や**ある。＜疑問＞

（みのやかさはありますか。）

例 近き火に逃ぐる人は、しばしと**や**いふ。＜反語＞

（火から逃げている人が、「しばらく待て」と言うだろう**か、いや、言わない**。）

例 聞きしにも過ぎて尊く**こそ**おはし〔⑤ 　　　〕。＜強意＞

（聞いていたよりもずっと尊くていらっしゃいました。）

注意しよう 「反語」は「〜か（いや、〜ない）。」と訳されることが多い。また、「強意」は特に訳さなくてもよい。

古典の言葉

▶古文などに用いられている昔の言葉を、**古語**（**文語**）という。

　→現在使われている言葉は、現代語（口語）といわれる。

▶古語には、**現代では使われていない言葉**、がある。

▶古語には、**現代とは意味の異なる言葉**、がある。

学習日： 月 日

現代では使われていない言葉

いと	非常に・[⑥　　　　]
いみじ	**程度が**はなはだしい・すぐれている・ひどい
いらふ	答える・返事する
おはす	いらっしゃる
げに	本当に・なるほど
つきづきし	似つかわしい・ふさわしい
つとめて	[⑦　　　　]・翌日の朝
つれづれ	することがなく たいくつなこと
ひねもす	朝から晩まで・一日中
やうやう	しだいに・だんだん
ゆかし	見たい・聞きたい・知りたい

古典

現代とは意味の異なる言葉

あはれなり	しみじみと心を打つ・おもむきが [⑧　　　　]・感慨深い（かんがい）・いとしい・りっぱだ
あやし	不思議だ・見苦しい
ありがたし	めったにない・生きにくい
いたづらなり	むなしい・むだだ
うつくし	いとしい・かわいらしい
おとなし	大人びている・年配だ
おどろく	はっと気づく・目を覚ます
かなし	心ひかれる・いとおしい
すさまじ	興ざめだ・殺風景だ
なかなか	かえって・[⑨　　　　]
なつかし	心ひかれる・親しみやすい
やがて	そのまま・すぐさま
をかし	ふぜいがある・興味深い

解答 ①終止　②反語　③連体　④ける　⑤けれ　⑥たいへん（とても）　⑦早朝　⑧ある　⑨むしろ

65

いまの実力を確認しよう

1 次の──線の歴史的仮名遣いを現代仮名遣いに直しなさい。

①うるはしき貝・石など多かり。

②やみもなほ、ほたるの多く飛びちがひたる。

③二条の后に忍びてまゐりけるを、

④夜ごとに人をすゑて守らせければ、

⑤忍びたるけはひ、いとものあはれなり。

⑥海のありやうも見えず。

⑦風いたう吹きて空いみじう黒きに、

⑧けふは皆乱れてかしこまりなし。

①	②	③	④
⑤	⑥	⑦	⑧

2 次の──線の語を正しい形に直したものを後から選びなさい。

①その男、しのぶずりの狩衣をなむ着たりけり。

②これは龍のしわざにこそありけり。

③ただ月を見てぞ、西東をば知りけり。

　ア　けら　　イ　ける
　ウ　けれ　　エ　けろ

①	②	③

3 次の係りの助詞が表す意味を後から選びなさい。

①ぞ　　②こそ　　③や

　ア　強意　イ　過去　ウ　可能　エ　疑問

①	②	③

4 次の文から、a係りの助詞、b aに対応する結びの語を一語でぬき出しなさい。

若葉の梢涼しげに茂りゆくほどこそ、世のあはれも、人の恋しさもまされ。

a	b

5 次の──線の現代語訳を後から選びなさい。

①みの虫、いとあはれなり。
　ア　みすぼらしい　　　　イ　ほめたたえるべきだ
　ウ　しみじみと心を打つ　エ　弱々しい

②二月(きさらぎ)つごもりがた、いみじう雨降りてつれづれなるに、
　ア　気がめいるときに　　　イ　寒さが厳しいときに
　ウ　人が集まっているときに　エ　することがないときに

③なにもなにも、小さきものは皆うつくし。
　ア　見た目がきれいだ　イ　かわいらしい
　ウ　大切だ　　　　　　エ　こわれやすい

④とかく直しけれども、つひに回らで、いたづらに立てりけり。
　ア　むだに　　　　イ　ふざけて
　ウ　腹を立てて　　エ　まっすぐに

⑤五月(さつき)ばかりなどに山里にありく、いとをかし。
　ア　風変わりだ　　イ　ふぜいがある
　ウ　心がはずむ　　エ　こっけいな感じがする

⑥皆寝(ね)て、つとめて、いととく局(つぼね)に下りたれば、
　ア　仕事をして　イ　がまんして
　ウ　翌朝　　　　エ　深夜

⑦やうやう夜寒(よさむ)になるほど、雁(かり)鳴きて来るころ、
　ア　やっと　　イ　わずかに
　ウ　すっかり　エ　しだいに

○解答

1 ①うるわしき　②なお　③まいり　④すえて　⑤けわい　⑥ありよう
　⑦いみじゅう　⑧きょう

2 ①イ　②ウ　③イ　　**3** ①ア　②ア　③エ

4 aこそ　bまされ　　**5** ①ウ　②エ　③イ　④ア　⑤イ　⑥ウ　⑦エ

19 漢文・漢詩

漢文とは

▶中国の文章で、**漢字だけで書かれていて、句読点はない。**

↓

▶〔①　　　〕**文**…昔の日本人が、漢字だけで表記された漢文を**日本語のように**読めるようにくふうした文章。

▶<u>書き下し</u>**文**…訓読文を、読む順番どおりに、**漢字かなまじり**で書き改めたもの。

訓読のためのくふう

℮<u>句読点</u>を補う。

℮〔②　　　〕を補う。

▶**用言の**<u>活用語尾</u>、**助動詞、助詞**などを**漢字の右下にカタカナ**で入れる。

℮〔③　　　〕を補う。

▶漢文を日本語として読むための<u>順序</u>を示す記号。

▶**漢字の左下**に入れる。

返り点の種類

(1) 読_レ書_ヲ。　①書②読。

(2) 思_二故郷_一。　③故①郷②思ふ。

(3) 有_下好_二菊花_一者_上。　②好①菊花③者④有り。 菊花を好む者有り。

> 書き下し文に直したり、書き下し文にあわせて返り点をつける問題がよく出されるね。返り点の種類を正しく理解しておこう。

(1)**レ点**…すぐ〔④　　　〕**の一字に返る。**

(2)**一・二点**…<u>二字以上</u>をへだてて上に返る。

(3)**上・下点**…<u>一・二点</u>をはさんで上に返る。

> **注意しよう**
> 書き下し文にするときには、返り点に注意しながら語順を確かめ、送りがなはひらがなに直す。

学習日： 月 日

漢詩の種類

- **四句**からなる〔⑤　　　〕と、**八句**からなる<u>律詩</u>に分けられる。
- 一句の字数により、次のように分けられる。

絶句	五言絶句（ごごん）	四句からなる。一句の字数は〔⑥　　　〕。
	七言絶句（しちごん）	四句からなる。一句の字数は**七字**。
律詩	五言律詩	八句からなる。一句の字数は**五字**。
	七言律詩	八句からなる。一句の字数は**七字**。

古典

漢詩の構成

次の漢詩は、五言絶句になるね。

鹿柴（ろくさい）　王維（おうい）
空山不見人〔起〕
但聞人語響〔承〕
返景入深林〔転〕
復照青苔上〔結〕

- 絶句は**一句**ごとに、**起承転結**の構成。
- 律詩は〔⑦　　　〕ずつで、**起承転結**の構成。

起	詩をうたい**起**こす。
承	起を**承**けて内容を深める。
転	内容を一**転**させる。
結	全体を**結**んでまとめる。

漢詩の技法ー対句（ついく）

- 〔⑧　　　〕…二つの句の**形式**や**内容**を**対応**させて、**印象**を**強める**技法。
- 律詩は、**第三**句と**第四**句、**第五**句と**第六**句を**対句**にするきまりがある。

注意しよう　漢詩を読むときには、構成や対句に注目し、詩にえがかれている情景や作者の気持ちをつかむ。

解答　①訓読　②送りがな　③返り点　④上　⑤絶句　⑥五字　⑦二句　⑧対句

69

20 故事成語

故事成語とは

● 今日でも使われている、**昔の中国の有名な話**＝〔① 〕から生まれた短い言葉。

> 意味をしっかり覚えるためにも、言葉のもとになった話をおさえておこう。

故事成語の例

● **矛盾**…つじつまの合わないこと。

もとになった話
楚の国のある人が、どんなするどい〔② 〕でもつき通せないという〔③ 〕と、どんなかたい盾でもつき通すという矛を売っていたが、「その矛でその盾をついたらどうなるのか。」と問われ、答えられなかった。

> 矛が盾をつき通しても、つき通せなかったとしても、この人の話はまちがいだったことになるね。

→**使い方** 学校に間に合わないと言いながら寄り道するなんて、きみのすることは**矛盾**している。

● **推敲**…文章をよりよくしようと表現を練り直すこと。

もとになった話
唐の詩人の賈島が、詩の一節を「僧ハ〔④ 〕ス月下ノ門」にするか「僧ハ〔⑤ 〕ク月下ノ門」にするかでなやみながら都の道を歩いていて、役人の韓愈の一行にぶつかってしまった。ぶつかった失礼をわびる賈島から事情を聞いた韓愈は、「敲ク」がよいと教え、その後二人は長い間詩を論じ合った。

→**使い方** 作文は昨日書き終えているが、これからもう一度**推敲**して、原稿用紙に清書するつもりだ。

学習日： 月 日

【⑥　　　】…程度がちがうだけで本質的には変わらないこと。

もとになった話

孟子が、「となりの国よりもいい政治をしているのに、わが国の人口が増えないのはなぜか。」と国王に問われて答えたときに用いたたとえ話。「戦場で、〔⑦　　　〕にげた者が〔⑧　　　〕にげた者を笑ったらどう思われますか。」と言って、両国は政治的に大差がないことを伝えた。

五十歩だろうと百歩だろうと、にげたことに変わりはない、つまり大したちがいはないということだね。

→**使い方** 話し合いに参加しても自分の意見をきちんと言わない人は、話し合いに参加しない人と<u>五十歩百歩</u>だ。

【⑨　　　】…むだな行い。余計なもの。なくてよいもの。

もとになった話

ある時、〔⑩　　〕の絵を早くかく競争をすることとなり、いちばん早くかき上げた者が酒を飲めることになった。最初に絵をかき上げた男の人は、調子に乗って余計な〔⑪　　〕までかいてしまった。そのため、その人は、酒を飲みそこなうこととなってしまった。

ヘビに「足」はないよね。かかなくていい余計なものを入れてしまったんだね。

→**使い方** よくできた企画案だが、最後の資料は<u>蛇足</u>だから、なくしたほうがよいだろう。

解答 ①故事 ②矛 ③盾 ④推 ⑤敲 ⑥五十歩百歩 ⑦五十歩 ⑧百歩 ⑨蛇足 ⑩蛇 ⑪足

71

いまの実力を確認しよう

1 次の漢文の書き下し文として正しいものを選びなさい。

① 少年易レ老学難レ成。
② 尽クシテ二人事ヲ一待ツ二天命ヲ一。
③ 悪ム下称スル二人之悪ヲ一者上。

①
- ア 少年老い学易く成り難し。
- イ 老い易く学難し成り少年。
- ウ 少年老い易く学成り難し。
- エ 老い易く少年学成り難し。

②
- ア 人事を尽くして天命を待つ。
- イ 事を尽くして人天命を待つ。
- ウ 人事を待つ天命を尽くして。
- エ 人事を尽くして待つ天命を。

③
- ア 人の悪を称する者を悪む。
- イ 人の称する悪を悪む者。
- ウ 悪む人は悪を称する者。
- エ 人に称する者の悪を悪む。

2 次の漢文について、後の問いに答えなさい。

楚人有下鬻二盾与レ矛一者上。誉レ之曰、「吾盾之堅、莫レ能ク陥一也。」又誉二其矛一曰、「吾矛之利、於レ物無レ不レ陥也。」或ひと曰、「以二子之矛一陥二子之盾一何如。」其人弗レ能レ応也。

① ——線の書き下し文を答えなさい。

② ～～線の書き下し文として正しいものを次から選びなさい。
- ア 応ふる能は其の人ざるなり。
- イ 其の人能はざる応ふるなり。
- ウ 其の応ふる人能はざるなり。
- エ 其の人応ふる能はざるなり。

③ この話から生まれた故事成語を答えなさい。

3 次の漢詩について、後の問いに答えなさい。

> 春望　杜甫
> 国破レテ山河在リ
> 城春ニシテ草木深シ
> 感時ニ花ニモ濺ギ涙ヲ
> 恨別レヲ鳥驚カス心ヲ
> 烽火連ナリ三月ニ
> 家書抵アタル万金ニ
> 白頭搔カバ更ニ短ク
> 渾欲不勝簪

①この漢詩の形式を次から選びなさい。
　ア　五言絶句　　イ　七言絶句
　ウ　五言律詩　　エ　七言律詩

②──線と対句になる句の書き下し文を次から選びなさい。
　ア　城春にして草木深し
　イ　時に感じては花にも涙を濺ぎ
　ウ　家書万金に抵たる
　エ　白頭搔けば更に短く

③〜〜〜線の書き下し文を答えなさい。

4 次の書き下し文を読んで、この話から生まれた故事成語を後から選びなさい。

> 賈島挙に赴きて京に至る。驢に騎りて詩を賦し、「僧は推す月下の門」の句を得たり。推を改めて敲と作さんと欲す。手を引きて推敲の勢を作すも、未だ決せず。覚えず、大尹韓愈に衝たる。乃ち具に言ふ。愈曰はく、「敲の字佳し。」と。遂に轡を並べて詩を論ずること之を久しくす。

　ア　推敲　　イ　五十歩百歩
　ウ　蛇足　　エ　矛盾

○解答
1 ①ウ　②ア　③ア　　2 ①能く陥すもの莫きなり　②エ　③矛盾
3 ①ウ　②イ　③渾て簪に勝へざらんと欲す　　4 ア

21 小説を読み解くポイント

その1　あらすじをおさえ、場面・情景をとらえる。

あらすじのおさえ方

- 作品の**時間の流れ**に着目して、内容や出来事を順を追って読み取る。
  - ▶「いつ」「どこで」「だれが」「どうした」をおさえながら読む。
  - ▶時間の流れが<u>前後</u>することもあるので注意する。

> **注意しよう**
> 時代小説などでは現代と「常識」が異なることも多いので、自分の「常識」で文章を読まないようにする。

場面・情景のとらえ方

- **人物の心情を重ね合わせて**どんな場面・情景かを理解する。
  - ▶その場面で人物が「いつ」「どこで」「何を」「どう見ているのか」を読み取り、情景として理解する。

▶ あらすじや場面・情景を問う問題のポイント

> 選択式（せんたく）の問題が多いけど、あらすじの空所を補う問題や記述式の問題なども出るよ。

- ▶登場人物の<u>行動</u>や、出来事が生じた<u>順番</u>がちがうなど、選択肢のちょっとしたちがいにも注意して選ぶ。
- ▶キーワードとなる語句（いつ・どこで・だれが・どうした）を確かめながら、適切な語句を入れたり、正しい選択肢を選んだりするようにする。
- ▶記述式の問題では、**制限字数・用いる語句**などの<u>条件</u>は必ず守り、中心となる**内容**をはずさずに、読みやすい文章になるように心がける。

その2　登場人物の心情・人物像をおさえる。

登場人物の心情のとらえ方

- 「うれしい」「悲しい」など、**直接的に心情を表す言葉**や、**人物の<u>行動</u>、様子や態度**などに着目する。

- 登場人物の**心情**がうつし出されている描写（風景描写）にも注意する。
- 登場人物の**会話**に着目し、声の調子や話しぶりの描写などにも注意する。

登場人物の人物像のとらえ方

- **年齢・性別・服装**などとともに、**周囲の評価**や、**他者との関係**にも着目する。
- その人物の考え方や心情などにも注意して、総合的にとらえる。

注意しよう
文章に書かれている内容からとらえるようにし、想像やイメージなどで判断しないようにする。

▶ 心情を問う問題のポイント

登場人物の心情や行動に対して、なぜそうなったのかと、理由を問う問題が多いね。

- **場面の状況**をおさえ、**何がきっかけ**でそのような心情になったのかを読み取る。
- その行動をとった時に登場人物がどのような**心情**だったかをしっかりとおさえる。

その3 登場人物の心情・人物像、その生き方などから主題をとらえる。

主題は、作者が、作品を通して読者にうったえようとしたことの中心となることだよ。

主題のとらえ方

- 登場人物の**心情**や**行動**、**その生き方**に着目し、**作者がうったえようとしたこと**をとらえる。
- あらすじなど、とらえた文章の内容をしっかり整理しておく。

▶ 主題を問う問題のポイント

- 選択式の場合は、前提となる**あらすじ自体が誤っていないか**、**登場人物の心情の変化の内容が誤っていないか**、などに着目して選択肢をチェックする。
- 記述式の場合は、「**主題とは作者の最もうったえたかったこと**」であることを意識して要領よくまとめる。

22 説明文を読み解くポイント

その1 事実と意見を読み分けながら、文章の話題や流れをとらえる。

文章の話題のとらえ方

- 文章の冒頭や何回も使われている重要語句(キーワード)に着目し、筆者が何について述べようとしているのかを理解する。
  - 特に、疑問を投げかける一文があれば、それに着目する。

文章の流れのとらえ方

- 指示語の指示内容や接続語の働きに着目し、文章の展開をとらえる。
  - 指示語の指示内容は直前にあることが多いので、近いところから探していく。
  - 接続語をキーに、文と文、段落と段落の関係をつかむ。

> 接続語の働きは、36〜37ページを復習して、しっかり確かめておこう。

- 文末表現などに着目し、「事実」と筆者の「意見」を区別してとらえる。
  - 筆者の体験や調査結果などの具体的な記述は「事実」であることが多い。
  - 意見を述べる文末表現では、「〜と思う」「〜と考える」などが多い。
  - 「事実」は、筆者の「意見」に説得力をもたせたり、「意見」の根拠としたりするために提示されることが多い。

➡ **話題や指示語の指示内容、接続語を問う問題のポイント**

- 話題を問う問題は選択式が多い。文章のキーワードをとらえ、その語句を文章にそくして正しくとらえているものを選ぶ。
- 指示語の指示内容を問う問題では、指していると思える語句や内容が見つかったら、指示語にあてはめて読んでみて、文意が通るかどうかを確認する。
- 接続語の問題は、文章中の空所に入るものを答える形式が多い。空所の前後がどのような関係になっているかをおさえ、その働きをする接続語を答える。

注意しよう
> 指示語(「これ」「それ」「あれ」「どれ」など)は、語句だけでなく、文や段落などの長い部分を指すこともある。

その2　段落の要点や段落どうしの関係をつかみ、文章の構成をとらえる。

文章の構成のとらえ方

- 形式段落の中心内容を読み取り、**段落の要点**をつかむ。
  - ▶ 要点は、まとめる働きをする接続語（＝だから・したがって・つまり・このように、など）の後の部分から読み取れることが多い。
- 形式段落の内容から、**前後の形式段落がつながるかどうかを見分け、形式段落どうしのつながり**をつかむ。
  - ▶ 段落の冒頭にある接続語や指示語に着目する。
- **形式段落のまとまり**をとらえて全体を意味段落に分け、それぞれの**意味段落の役割**をおさえて**文章の構成**をとらえる。

> 文章の構成は、「本論→結論」、「序論→本論→結論」、「起→承→転→結」など、いろいろあるよ。

➡ 段落どうしの関係を問う問題のポイント

- ▶ 段落どうしの関係では、【原因―結果】【具体例―説明】【並立（へいりつ）・累加（るいか）】が多いことなどを意識して考える。

その3　意味段落の要点や文章の構成から、文章の要旨（ようし）をとらえる。

要旨のとらえ方

- それぞれの意味段落の要点や文章の構成をふまえて、**筆者の意見が集約された段落（＝中心段落）**をとらえる。
  - ▶ 中心段落の**中心文や重要語句**に着目する。
  - → 参考　筆者の主張の中心は**最終**段落にまとめられていることが多い。

➡ 要旨を問う問題のポイント

- ▶ 記述式の場合は、次のようなことに注意しながら記述する。
  - くり返し用いられている語句（＝**キーワード**）を使用して簡潔にまとめる。
  - 「文章中の言葉を用いて」という場合、そのままではなく、利用して記述する。

23 漢字の書き問題のポイント

小学校で学習した漢字

▶中学校での漢字を書くことの目標は、**小学校で学習する漢字をすべて書けること**と、中学校で学習する漢字をある程度書けること、となっている。

> 漢字を書く問題は、原則的に小学校で学習した漢字から出されるよ。

よく出る小学校で学習した漢字の例

- ねじを**ハズ**す。 [①   ]
- 非常ベルが**ナ**る。 [②   ]
- 今日のできごとをノートに**シル**す。 [③   ]
- 角度を測るには分度器を**モチ**いる。 [④   ]
- 旅に出て**ケンブン**を広める。 [⑤   ]
- 高層ビルが**リンリツ**する都市。 [⑥   ]
- **カクイツ**的な考え方。 [⑦   ]
- 妹は**ガンライ**おとなしい性格だ。 [⑧   ]
- さすがの兄も**ヨワネ**をはいた。 [⑨   ]
- へいを**ノ**り越える。 [⑩   ]
- 遠くで**フエ**の音がする。 [⑪   ]
- 反発が起きると**ヨソウ**される。 [⑫   ]
- 遠足のしたくを**トトノ**える。 [⑬   ]
- **ナゴ**やかな話し合い。 [⑭   ]
- 新聞を**クバ**る。 [⑮   ]
- **ジミ**な服装を好む。 [⑯   ]
- 言葉の**ユライ**を学ぶ。 [⑰   ]
- 主に日本に**セイソク**する。 [⑱   ]
- 図書館で本を**カ**りる。 [⑲   ]
- 親が子どもを**ヤシナ**う。 [⑳   ]
- 草花の**メ**が出始める。 [㉑   ]

> 「トトノえる」や「ナゴやか」は、中学校で学習する読み方だよね。

学習日：　月　日

- 英語での説明を**ココロ**みる。　〔㉒　　　〕
- 手間を**ハブ**く。　〔㉓　　　〕
- 文化祭のプログラムを100部**ス**る。　〔㉔　　　〕
- くやしさのあまり**ゴウキュウ**する。　〔㉕　　　〕
- 天体の**カンサツ**を続ける。　〔㉖　　　〕
- エネルギーの**ショウヒ**をおさえる。　〔㉗　　　〕
- 事業を**イトナ**む。　〔㉘　　　〕
- 友人たちを**マネ**く。　〔㉙　　　〕
- 川の流れに**サカ**らう。　〔㉚　　　〕
- スポーツに情熱を**モ**やす。　〔㉛　　　〕
- バレーボールのチームを**ヒキ**いる。　〔㉜　　　〕
- 毛糸でセーターを**ア**む。　〔㉝　　　〕
- 食器を**セイケツ**なふきんでふく。　〔㉞　　　〕
- **ヨウイ**には解決しない問題だ。　〔㉟　　　〕
- 人間は**フクザツ**な生き物だ。　〔㊱　　　〕
- 料理を皿に**モ**る。　〔㊲　　　〕
- 夏が**オトズ**れる。　〔㊳　　　〕
- きれいな空気を**ス**う。　〔㊴　　　〕
- 西の空が赤く**ソ**まる。　〔㊵　　　〕
- 正しい**シセイ**で本を読む。　〔㊶　　　〕
- 内科を**センモン**とする病院。　〔㊷　　　〕
- 会の終わりを**センゲン**する。　〔㊸　　　〕
- それ自体に**カチ**があるのではない。　〔㊹　　　〕

> 漢字はくり返して学習することが、いちばん大切だよ。

解答
①外　②鳴　③記　④用　⑤見聞　⑥林立　⑦画一　⑧元来　⑨弱音　⑩乗
⑪笛　⑫予想　⑬調　⑭和　⑮配　⑯地味　⑰由来　⑱生息　⑲借　⑳養
㉑芽　㉒試　㉓省　㉔刷　㉕号泣　㉖観察　㉗消費　㉘営　㉙招　㉚逆　㉛燃
㉜率　㉝編　㉞清潔　㉟容易　㊱複雑　㊲盛　㊳訪　㊴吸　㊵染　㊶姿勢
㊷専門　㊸宣言　㊹価値

読解・漢字の書き

漢字の書き問題で注意したいこと

漢字の書き問題では、次のようなものに注意する。

- **同音異義語**や**同訓異字**とまちがえない。

  例 カクシン＝**核**心・**確**信・**革**新　　あつい＝**暑**い・**厚**い・**熱**い

- **送りがな**をまちがえない。特に、**送りがなの異なる複数の読み方**がある漢字に注意する。

  例 細**い**＝ほそい・細**かい**＝こまかい　　優**しい**＝やさしい・優**れる**＝すぐれる

- **形の似た漢字**とまちがえないようにする。

> 同訓異字や送りがなは6〜7ページを、同音異義語は12〜13ページを復習して、しっかり確かめておこう。

形の似た漢字の例

- ソコク＝**祖**国　　ソシ＝〔①　　〕止　　ソマツ＝**粗**末
- ハンゲン＝半〔②　　〕　　テンメツ＝点**滅**
- スイコウ＝〔③　　〕行　　チクイチ＝**逐**一
- せまい＝〔④　　〕い　　はさむ＝**挟**む
- グウゾウ＝**偶**像　　よすみ＝四**隅**　　ユウグウ＝優〔⑤　　〕
- サイバン＝〔⑥　　〕判　　サイバイ＝**栽**培
- あやつる＝**操**る　　くり返す＝〔⑦　　〕り返す　　カンソウ＝乾**燥**
- ヒアイ＝悲**哀**　　セッチュウ＝折**衷**　　スイタイ＝〔⑧　　〕退
- ケイケン＝経**験**　　キケン＝危**険**　　ケンサ＝〔⑨　　〕査
- キンコウ＝均〔⑩　　〕　　ショウトツ＝**衝**突
- ハクシュ＝**拍**手　　シュクハク＝宿〔⑪　　〕　　キンパク＝緊**迫**
- インキョ＝**隠**居　　ヘイオン＝平〔⑫　　〕
- フクザツ＝〔⑬　　〕雑　　フクシュウ＝**復**習
- シュウカク＝収〔⑭　　〕　　カクトク＝**獲**得

解答 ①阻　②減　③遂　④狭　⑤遇　⑥裁　⑦繰　⑧衰　⑨検　⑩衡　⑪泊　⑫穏　⑬複　⑭穫